T0374767

9 781477 308134

Modern Hebrew for Intermediate Students

A Multimedia Program

דפים ואתרים

עברית במולטימדיה

לתלמידים בשלב הביניים

Esther Raizen

אסתר רייזן

For reasons of economy and speed, this workbook was printed using camera-ready pages provided by the author.

Copyright © 2000, 2015 by the University of Texas Press
All rights reserved
Printed in the United States of America
Second edition, 2015

Requests for permission to reproduce material from this work should be sent to:
    Permissions
    University of Texas Press
    P.O. Box 7819
    Austin, TX 78713-7819
    http://utpress.utexas.edu/index.php/rp-form

∞ The paper used in this book meets the minimum requirements of ANSI/NISO Z39.48-1992 (R1997) (Permanence of Paper).

The Library of Congress has cataloged the first edition as follows:

Raizen, Esther, 1951-
    Modern Hebrew for intermediate students : a multimedia program / Esther Raizen
[Dapim va-atarim : 'Ivrit be-multimedyah le -talmidim bi-shelav ha-beynayim / Ester
Raizen].
        p.   cm.
    Multimedia program composed of a book and a web site that includes tutorials and short
original films.
    ISBN 978-1-4773-0813-4 (pbk)
1. Hebrew language—Textbooks for foreign speakers—English.   I. Title: Dapim va-atarim.
II. Title.

    PJ4567.3 .R36 2001
    492.4'92421 — dc21   2001044295

Contents

To the User

Modern Hebrew for Intermediate Students, a multimedia program for the Hebrew classroom, was developed at the University of Texas at Austin in the early 2000s, and is presented here in its new, updated version. With *Modern Hebrew for Beginners*, and within an intensive framework of instruction that assumes six weekly hours in the classroom, the program provides for two semesters of instruction, at the end of which most successful students reach the intermediate-mid or intermediate-high levels of proficiency in speaking and reading, and some reach advanced-low proficiency as defined by the American Council on the Teaching of Foreign Languages (ACTFL).

The core of the program is this workbook, which serves as a curriculum organizer. In the current language classrooms, books have gradually moved to the background, and internet-based materials are used more and more frequently. Such materials develop and change quickly, creating a dynamic environment in which books are less critical and often do not meet the needs of either instructors or students. In putting together this edition of the workbook, then, we relied heavily, in the activities designed for students, on online searches that provide immediate access to authentic materials, which we did not do in the earlier editions. Students are expected to type from day one and run internet searches as soon as they begin their training. The instructions for searches appear in rectangular frames on the left-hand side of the page, and students are expected to bring information found through searches to class for discussion.

In addition to a variety of written exercises, the workbook includes vocabulary lists, reading selections, discussions of cultural topics, illustrations of grammar points, suggestions for class and individual activities, and a final glossary. The vocabulary included in this workbook was originally selected based on conversation topics that we sought to cover in class. It was evaluated and revised based on student input over the past ten years or so. The same principle guided us in composing the texts used in the reading selections—we did not look for authenticity but rather for a concentrated focus on subject matters and the vocabulary used to engage with them. This vocabulary, with over 300 new active words, is repeated throughout the units and in following units, which is critical for internalization and retention. Our experience with the program indicates that the exposure to authentic materials accessed online, in conjunction with this workbook and its interactive online components, provides an optimal setting for learning, especially as we place emphasis on fast progress.

Our reading selections are regularly followed by a set of comprehension questions pertaining to the selections themselves (שאלות הבנה) and by a second set of questions that call for expanded knowledge beyond what is conveyed in the text (שאלות הרחבה). In addition, reflecting our venture into activities that require the use of higher-order thinking skills, the book provides exercises that require synthesis and analysis of information (typically, statements that are either true or false or may be true but cannot be deduced from the reading selections (סמנו נכון, לא נכון, אי אפשר לדעת), or exercises built primarily on deduction, תרגיל חשיבה♡). Our suggested class conversations (☺☺ תרגיל בשיחה) are geared toward oral interaction, and stand at the core of the curriculum when it comes to speaking proficiency. We use trivia questions, drawn primarily from American popular culture, to expand the context of our reading selections.

While English is at times used for general discussion of grammar and other issues, the book assumes Hebrew as the language of instruction and communication, and thus all exercises and activity instructions are given in Hebrew. In an attempt to present age-appropriate materials and relate to students' general areas of interest, we incorporate in the reading selections and discussion questions topics that go beyond the language and its culture, among them world geography, genetics, political systems, ethics, and nutrition.

The workbook is complemented by a website that provides short video segments originally scripted and filmed in Israel and in the US 📹 ; vocabulary flashcards with sound 📖; interactive exercises on topics included in the workbook 🖥 ; sound files parallel to the reading selections in the workbook 🎧 ; and additional materials that enrich the learning experience, among them *Yours Truly*, a set of 20 content and exercise units based on episodes from the lives of two American student characters. The site may be accessed at

www.laits.utexas.edu/hebrew.

While training with the book only is possible, the web-based materials add interest and variety to the learning process and are critical to our training model, which assumes an inverted classroom approach. In this approach, class time is dedicated exclusively to the activation and reinforcement of skills. Students prepare extensively for class using written and computerized materials that routinely challenge them to move beyond their current capacity, both in terms of approaching authentic materials and, in the reading selections, working with vocabulary and structures that have not been introduced before.

The technology is simple for the most part, which minimizes difficulties in computer use and the need for technical support. The materials have been tested on Macintosh and PC computers with a variety of browsers and have been found to work well with most settings. Special Hebrew systems or fonts are not necessary for using the site, and its content is not password protected.

The materials can be used by individual learners, but the workbook is not intended for self-study, as much of the learning that is expected to take place depends on student-student and student-teacher interactions. While proficiency in communication is the basic goal of training, an effort is made here to produce informed learners, who not only know how to perform in Hebrew but are also aware of its history and development, of common differences between the formal and the spoken standards, and of typical difficulties of learners who are English speakers (noted with).

଴

Some of the materials included in the original workbook were developed by or in consultation with my colleague Yaron Shemer, who played a major role in all stages of planning and production. Dr. Shemer is also responsible for the video segments included in the program. I am indebted to the staff of the University of Texas Liberal Arts Information Technology Services, who assisted me in developing and updating the Web materials. The original web work was supported by a Title VI grant from the US Department of Education and a generous grant from the University of Texas System Vision Plan.

Esther Raizen   Austin, Summer 2015

יחידה א

alef 1 מילים חדשות

אוֹטוֹבּוּס (ז.)	bus
אֳנִיָּה (נ., אונייה)	boat, ship
אֲתָר (ז.)	site (noun), place
בִּקֵּר (ביקר, לבקר)	visit (verb)
הֵבִין (לְהָבִין)	understand
הֵכִין (לְהָכִין)	prepare (transitive)
הִכִּיר (לְהַכִּיר)	be acquainted/familiar with
הַצָּעָה (נ.)	offer, proposal, suggestion
הַתְחָלָה (נ.)	beginning
חָזַר (לחזור)	return (verb, intransitive)
חֲזָרָה (נ.)	review (noun), return (noun), rehearsal
טִיֵּל (טייל, לטייל)	take a trip
טָס (לטוּס)	fly (by plane)
יָם (ז.)	sea
מוֹדִיעִין (ז.)	information booth
מוֹנִית (נ.), טקסי (ז.)	taxicab
מָטוֹס (ז.)	airplane
מְכוֹנִית (נ.)	car
מֶרְכָּז (ז.)	center (noun)
רַכֶּבֶת (נ.)	train (noun)
רַעְיוֹן (ז., ר. רעיונות)	idea
שָׁט (לשוט)	sail, go by boat

מה אתם יודעים על האונייה "יציאת אירופה 1947"?

מה אתם יודעים על "אוטובוס הדמים"?

מה אתם יודעים על "רכבת העמק"?

מה אתם יודעים על "מרכז סוזן דלל"?

מה אתם יודעים על "תוכנית הצפון" או "תוכנית הכרמל"?

בית הכנסת "שער השמיים" בקהיר הוא אתר היסטורי. מה אתם יודעים עליו?

- שָׂם (לשים) — place (verb), put
- תַּחֲנָה (נ.) — station, stop (noun)
- תָּכְנִית (נ., תוכנית) — plan (noun)

a1

מירב: הי, יש לי רעיון לסוף שבוע ארוך--אנחנו יכולים לנסוע לטיול! אולי יש לכם הצעה לאן אנחנו יכולים לנסוע?

עודד: אולי ברכבת לחיפה? ואולי לאילת? אנחנו יכולים לבקר בעיר, ולטייל על-יד אילת!

יעל: מאילת אנחנו יכולים גם לנסוע לַיַּרְדֵּן. מה אתם חושבים?

יגאל: אני חושב שזה רעיון טוב, אבל אנחנו צריכים לעשות תוכנית. אולי אנחנו יכולים לטוס מתל-אביב לאילת ולחזור באוטובוס.

מירב: אני לא יודעת אם אנחנו צריכים לטוס. זה יקר! אולי צריך לנסוע באוטובוס לשם ובחזרה. אתם אוהבים לשוט? הים באילת כל-כך יפה! אנחנו יכולים לשוט באונייה באיזה בוקר.

Planning a Trip
רוצים לטייל

יעל: אני מאוד אוהבת אוניות, ומאוד לא אוהבת מטוסים! אנחנו יכולים גם לקחת מונית באילת ולנסוע לתִמְנָע. שמעתי שזה מקום מיוחד מאוד!

יגאל: להורים שלי יש חברים באילת. אולי אנחנו יכולים להיות בבית שלהם כמה ימים.

מירב: אני לא יודעת אם זה רעיון טוב--אנחנו לא מכירים אותם, ואולי אין בבית שלהם מספיק מקום בשבילנו.

יעל: גם אני חושבת שזה לא רעיון טוב.

יגאל: אני מבין אתכן. אבל, יש לכן מספיק כסף בשביל מלון?

עודד: אנחנו לא צריכים להיות במלון. אנחנו יכולים לנסוע במכונית לאילת, לשים את הדברים שלנו במכונית, ולישון בחוץ! זאת יכולה להיות חוויה מיוחדת!

יעל: אני לא רוצה לישון בחוץ. אני יכולה לבדוק כמה עולה לילה במלון זול.

יגאל: ואני יכול לשאול במודיעין בתחנה המרכזית מתי יש אוטובוסים לאילת וכמה עולה כרטיס.

עודד: אני חושב שיש לנו התחלה של תוכנית טובה!

תרגיל 1: אתם צריכים לסמן נכון (✓), לא נכון (✗), אי אפשר לדעת (?).

יעל לא אוהבת מטוסים. ✓   ✗   ?

מירב לא יודעת אם טוב להיות בבית של אנשים שהיא לא מכירה. ✓   ✗   ?

יעל חושבת שזה רעיון טוב לישון בבית של החברים באילת. ✓   ✗   ?

עודד חושב שהם יכולים לנסוע במכונית שלו ולישון בלילה בחוץ. ✓   ✗   ?

התוכנית של עודד היא ללכת למודיעין בתחנה המרכזית. ✓   ✗   ?

In Eilat
באילת

שאלות הבנה:

של מי ההצעה לנסוע לאילת?

להורים של מי יש חברים באילת?

למה יעל ומירב חושבות שהרעיון של יגאל לא טוב?

איפה יגאל יכול לקבל אינפורמציה על זמנים של אוטובוסים ורכבות?

למה עודד אומר ״יש לנו <u>התחלה</u> של תוכנית טובה״ ולא ״יש לנו תוכנית טובה״?

שאלות הרחבה:

מה אתם יודעים על העיר מודיעין בישראל ועל ההיסטוריה של המקום?

מה אתם יודעים על אילת?

מה אתם יודעים על המילה ״מודיעין״?

לאן אנחנו יכולים לנסוע ברכבת בישראל, ולאן אפשר לטוס?

מה אנשים צריכים להכין כשהם חושבים על טיול?

איך קוראים לחברת התעופה של ישראל? מה אתם יודעים עליה?

טריוויה: מי אמר (ובאיזה סרט) : ״לואי, אני חושב שזו התחלה של חברות יפה מאוד!״

מה אתם יודעים על השיר ״לטוס אל-על״?

משהו על מילים:

The question words איזה and כמה may be used in declarative sentences in the sense of *some* and *a couple of,* respectively:

הוא תמיד נוסע לאיזה מקום בקייץ. הוא אוהב טיולים ובקייץ יש לו זמן לטייל.

אני חושבת שבאיזה חורף אני צריכה לנסוע לחרמון ולעשות סקי.

יש לנו כמה הצעות בשבילכם, כי יש כמה מקומות שבהם אתם יכולים לטייל.
יש כמה אתרים בגליל שאני רוצה לראות.

Like the English word *site*, the Hebrew אתר is used to describe a site on the Internet as well as a physical location. The word used for surfing is גְּלַשׁ, which is also used in a physical sense as in *windsurfing*:

גלשנו באינטרנט ומצאנו אתר מעניין על טיולים בישראל.
באילת את יכולה לגלוש בים כל השנה.

מה אתם יודעים על השיר של דני סנדרסון "גלשן"?

תרגיל בשׂיחה:

כל שני סטודנטים צריכים לעשׂות תוכנית לטיול בישׂראל. הם צריכים למצוא מֵידַע (אינפורמציה) על מקום בישׂראל, ולספר לסטודנטים בכיתה על המקום ועל הטיול שהם מתַכְנְנִים (מתכננים=עושׂים תוכנית).
שני סטודנטים "עובדים" במודיעין בתחנה המרכזית. סטודנטים אחרים שואלים אותם שאלות על זמני אוטובוסים ורכבות ועל מחירי הכרטיסים.
שני סטודנטים נותנים "הצעות" על איך לחיות חיים טובים, וסטודנטים אחרים לא אוהבים את ההצעות האלה ואומרים למה.

תרגיל 2: אתם צריכים לכתוב את ההֶמְשֵׁךְ של המשפט לפי הדוגמא.

דוגמא: באוטובוס אנחנו נוסעים.

1. במונית אנחנו ______________.
2. במטוס אנחנו ______________.
3. באונייה אנחנו ______________.
4. בהליקופטר אנחנו ______________.
5. בטקסי אנחנו ______________.
6. ברגל אנחנו ______________.
7. ברכבת אנחנו ______________.

מה זה "רֶכֶב אמפיבי"? איך אנחנו נוסעים בו?

מה זה "רַחֶפֶת"?

מה זה "קַטְנוֹעַ"?

מילים חדשות *alef 2*

begin, start (verb)	◀הִתְחִיל (לְהַתְחִיל)
get situated, locate oneself	◀הִתְמַקֵּם (להתמקם)
try, attempt (verb)	◀נִסָּה (ניסה, לְנַסּוֹת)
experience (verb)	◀הִתְנַסָּה בְּ... (להתנסות בְּ...)
advance (verb), move forward	◀הִתְקַדֵּם (להתקדם)
be early, move to an early time	◀הִקְדִּים (להקדים)
get excited	◀הִתְרַגֵּשׁ (להתרגש)
wake up (intransitive)	◀הִתְעוֹרֵר (להתעורר)
wake up, arouse (transitive)	◀עוֹרֵר (לעורר)

🎧 a2

התחלנו לעבוד פה לפני חמש שנים, ואנחנו עוד פה כי אנחנו אוהבים את המקום.

אנחנו יכולים להתמקם על יד פארק-המים, ולנסוע משם לכל הפארקים האחרים.

חשוב לנסות דברים חדשים, אבל זה לא אומר שצריך להתנסות בכל דבר.

התקדמנו מאוד בעבודה שלנו, אבל אנחנו עדיין צריכים לעשות הרבה כדי לגמור הכל. אנחנו מתחילים היום יחידה חדשה על החיים בדרום אמריקה, ויש לנו רק עשרה ימים עד סוף הסמסטר.

יש לי תור לרופא ביום שישי בשלוש. אני יכולה להקדים אותו ליום חמישי? אני מרגישה מאוד לא טוב.

אני מאוד מתרגשת-- ההורים שלי צריכים לבוא לבקר בעוד יומיים. עזבתי את הבית לפני חמישה חודשים, ומאז לא ראיתי אותם!

השעון המעורר שלי מצלצל ומצלצל ואני צריכה להתעורר. אני באמת לא רוצה לקום! המיטה שלי חמה וטובה, ובחוץ קר.

תרגיל חשיבה: מי מדבר?

מי מדבר בכל משפט למעלה? השתמשו במשפטים מורכבים עם ״יש...״

(דוגמא: יש לנו שלושה בנים ושתי בנות. מי מדבר? הורים שמספרים על הילדים שלהם.)

(דוגמא: יש כלב גדול ברחוב—אני לא יוצאת החוצה. מי מדבר? מישהי שפוחדת מכלבים.)

תרגיל בשׂיחה:

הסטודנטים עובדים בזוגות ושואלים זה את זה שאלות כמו:

מתי אתה מתחיל ללמוד בבוקר? ממה את מתרגשת? מתי אתה מתרגש? במה את רוצה או לא רוצה להתנסות? מה עוד לא ניסית ואת רוצה לנסות? אתה אוהב להתעורר מוקדם בבוקר? איך אנחנו יכולים להתקדם בחיים?

§1.1 The verb system: patterns and groups

At this point you are familiar with four of the seven Hebrew verb patterns (בניינים): Pa'al or Qal, Pi'el, Hif'il, and Hitpa'el. You have also encountered three verb groups: regular verbs, final-heh verbs, and short verbs (in their Hebrew names, שלמים, ל״ה, ע״ו/ע״י). The lists below illustrate how verbs from all these groups may be used in all four patterns in the infinitive, present tense forms, and past tense forms. Verbs behave similarly across verb patterns, and verb groups have a similar effect on conjugations. E.g., Hitpa'el verbs in all groups have the prefix מִתְ- in the present tense and הִתְ- in the past tense; in final-heh verbs all infinitives end in -וֹת and all masculine singular forms in the present tense end in ֶ-ה irrespective of the verb pattern.

The smaller font face indicates formal forms that are not in use or are rarely used in the spoken language:

פעל:

שלמים	ל״ה	ע״ו/ע״י
לִלְמֹד (ל.מ.ד)	לִקְנוֹת (ק.נ.ה)	לָבוֹא (ב.ו.א)

לוֹמֵד	קוֹנֶה	בָּא
לוֹמֶדֶת	קוֹנָה	בָּאָה
לוֹמְדִים	קוֹנִים	בָּאִים
לוֹמְדוֹת	קוֹנוֹת	בָּאוֹת

לָמַדְתִּי	קָנִיתִי	בָּאתִי
לָמַדְתָּ	קָנִיתָ	בָּאתָ
לָמַדְתְּ	קָנִית	בָּאת
הוא לָמַד	הוא קָנָה	הוא בָּא
היא לָמְדָה	היא קָנְתָה	היא בָּאָה
לָמַדְנוּ	קָנִינוּ	בָּאנוּ
לְמַדְתֶּם/לָמַדְתֶּם	קְנִיתֶם/קָנִיתֶם	בָּאתֶם
לְמַדְתֶּן/לָמַדְתֶּן	קְנִיתֶן/קָנִיתֶן	בָּאתֶן
הם לָמְדוּ	הם קָנוּ	הם בָּאוּ
הן לָמְדוּ	הן קָנוּ	הן בָּאוּ

פיעל

שלמים	ל״ה	ע״ו/ע״י
לְלַמֵּד (ל.מ.ד)	לְנַסּוֹת (נ.ס.ה)	לְעוֹרֵר (ע.ו.ר)
מְלַמֵּד	מְנַסֶּה	מְעוֹרֵר*
מְלַמֶּדֶת	מְנַסָּה	מְעוֹרֶרֶת
מְלַמְּדִים	מְנַסִּים	מְעוֹרְרִים
מְלַמְּדוֹת	מְנַסּוֹת	מְעוֹרְרוֹת
לִמַּדְתִּי	נִסִּיתִי	עוֹרַרְתִּי
לִמַּדְתָּ	נִסִּיתָ	עוֹרַרְתָּ
לִמַּדְתְּ	נִסִּית	עוֹרַרְתְּ
הוא לִמֵּד	הוא נִסָּה	הוא עוֹרֵר

שעון מעורר

הִיא לָמְדָה	הִיא נָסְתָה	הִיא עוֹרְרָה
לִמַּדְנוּ	נִסִּינוּ	עוֹרַרְנוּ
לִמַּדְתֶּם	נִסִּיתֶם	עוֹרַרְתֶּם
לִמַּדְתֶּן	נִסִּיתֶן	עוֹרַרְתֶּן
הֵם לִמְּדוּ	הֵם נִסּוּ	הֵם עוֹרְרוּ
הֵן לִמְּדוּ	הֵן נִסּוּ	הֵן עוֹרְרוּ

(*וגם מְעַוֵּר, עִוֵּר, כמו שלמים)

התפעל

שלמים	ל״ה	ע״ו/ע״י
לְהִתְלַבֵּשׁ (ל.ב.ש)	לְהִתְנַסּוֹת (נ.ס.ה)	לְהִתְעוֹרֵר (ע.ו.ר)
מִתְלַבֵּשׁ	מִתְנַסֶּה	מִתְעוֹרֵר*
מִתְלַבֶּשֶׁת	מִתְנַסָּה	מִתְעוֹרֶרֶת
מִתְלַבְּשִׁים	מִתְנַסִּים	מִתְעוֹרְרִים
מִתְלַבְּשׁוֹת	מִתְנַסּוֹת	מִתְעוֹרְרוֹת

יש לשלמה זמיר "משורר"
(מה לך שר, משורר, בליל).
על מה השיר? אתם צריכים
לכתוב שורה אחרונה משלכם
לשיר.

הִתְלַבַּשְׁתִּי	הִתְנַסֵּיתִי/הִתְנַסִּיתִי	הִתְעוֹרַרְתִּי
הִתְלַבַּשְׁתָּ	הִתְנַסֵּיתָ/הִתְנַסִּיתָ	הִתְעוֹרַרְתָּ
הִתְלַבַּשְׁתְּ	הִתְנַסֵּית/הִתְנַסִּית	הִתְעוֹרַרְתְּ
הוּא הִתְלַבֵּשׁ	הוּא הִתְנַסָּה	הוּא הִתְעוֹרֵר
הִיא הִתְלַבְּשָׁה	הִיא הִתְנַסְּתָה	הִיא הִתְעוֹרְרָה
הִתְלַבַּשְׁנוּ	הִתְנַסֵּינוּ/הִתְנַסִּינוּ	הִתְעוֹרַרְנוּ
הִתְלַבַּשְׁתֶּם	הִתְנַסֵּיתֶם/הִתְנַסִּיתֶם	הִתְעוֹרַרְתֶּם
הִתְלַבַּשְׁתֶּן	הִתְנַסֵּיתֶן/הִתְנַסִּיתֶן	הִתְעוֹרַרְתֶּן
הֵם הִתְלַבְּשׁוּ	הֵם הִתְנַסּוּ	הֵם הִתְעוֹרְרוּ
הֵן הִתְלַבְּשׁוּ	הֵן הִתְנַסּוּ	הֵן הִתְעוֹרְרוּ

מה זה "עיוור צבעים"?

הלן קלר התעוורה בגיל צעיר.
מה אתם יודעים על הסיפור
שלה?

(*וגם מִתְעַוֵּר, הִתְעַוֵּר, כמו שלמים)

הפעיל:

שלמים	ל״ה	ע״ו/ע״י
לְהַלְבִּישׁ (ל.ב.ש)	לְהַרְצוֹת (ר.צ.ה)	לְהָבִין (ב.ו.נ)
מַלְבִּישׁ	מַרְצֶה	מֵבִין
מַלְבִּישָׁה	מַרְצָה	מְבִינָה
מַלְבִּישִׁים	מַרְצִים	מְבִינִים
מַלְבִּישׁוֹת	מַרְצוֹת	מְבִינוֹת
הִלְבַּשְׁתִּי	הִרְצִיתִי*	הֵבַנְתִּי
הִלְבַּשְׁתָּ	הִרְצִיתָ	הֵבַנְתָּ
הִלְבַּשְׁתְּ	הִרְצִית	הֵבַנְתְּ
הוא הִלְבִּישׁ	הוא הִרְצָה	הוא הֵבִין
היא הִלְבִּישָׁה	היא הִרְצְתָה	היא הֵבִינָה
הִלְבַּשְׁנוּ	הִרְצִינוּ	הֵבַנּוּ (~~הֵבַנְנוּ~~)
הִלְבַּשְׁתֶּם	הִרְצִיתֶם	הֵבַנְתֶּם/הֲבַנְתֶּם
הִלְבַּשְׁתֶּן	הִרְצִיתֶן	הֵבַנְתֶּן/הֲבַנְתֶּן
הם הִלְבִּישׁוּ	הם הִרְצוּ	הם הֵבִינוּ
הן הִלְבִּישׁוּ	הן הִרְצוּ	הן הֵבִינוּ

*וגם : הִרְצֵיתִי, הִרְצֵינוּ, הִרְצֵיתֶן

הפועל: חזרה ותרגילים

פעל

האם אתם מכירים את כל הפעלים האלה?

אהב אכל אמר בא גר היה הלך חזר טס ישב ישן כתב לבש למד מכר נח נסע נעל נתן עבד עבר עלה ענה עשׂה קנה קרא ראה רץ רצה שאל שט שׂם שר שתה

תרגיל 3: אתם צריכים לשׂים את הפעלים למעלה בקבוצות: שלמים, ל״ה, ע״ו/ע״י.

שלמים:____

____

____

ל״ה:____

____

____

ע״ו/ע״י:____

____

____

(אהב, אכל ואמר הם פעלים בקבוצה שבה האות הראשונה של השורש היא אלף. קוראים לקבוצה פ״א)

תרגיל 4: אתם צריכים לכתוב את ההֶמְשֵׁך של המשפט לפי אחת הדוגמאות, ולהשתמש ב״רצה״ או ״אהב.״

דוגמא: אני לומד עברית כי אני אוהב ללמוד עברית.

דוגמא: אני לומד עברית כי אני רוצה ללמוד עברית.

1. הוא בא לעבודה מוקדם כי________________________________.
2. הן שתו הרבה מיים כי________________________________.
3. אנחנו קמים מוקדם בבוקר כי________________________________.
4. דינה שרה באופרה כי________________________________.
5. גרנו שבועיים בעיר פז במרוקו כי________________________________.
6. היא ישבה בספרייה כי________________________________.
7. נסענו לדרום כי________________________________.
8. ניסינו דברים חדשים כי ________________________________.
9. עברתי לדירה חדשה כל שנה כי ________________________________.
10. עשינו שיעורים מאוחר בלילה כי ________________________________.

תרגיל 5: אתם צריכים לכתוב את הפעלים בפָּעַל, זמן עבר (או שם פועל).

1. הן __________ __________(א.ה.ב) (י.ש.ב) בספרייה ו__________(ל.מ.ד).

2. איפה אתן __________(שׂ.י.מ) את הספרים? אנחנו __________(שׂ.י.מ) אותם במשׂרד שלך!

3. למה את לא __________(ש.ת.ה) את הקפה שלך? לא __________ (ש.ת.ה) את הקפה שלי כי הוא__________ (ה.י.ה) חם מאוד.

4. מתי אתם __________(ח.ז.ר) מישׂראל? אנחנו __________ (ח.ז.ר) משם באוגוסט.

5. כשהם__________(ה.י.ה) בפאריז הם__________ (ע.ל.ה) על האֵיפֶל.

6. כשהיא __________ (ע.ב.ר) מתל-אביב לירושלים, היא__________ (מ.כ.ר) את הדירה שלה ו__________ (ק.נ.ה) בית קטן.

7. כשאנחנו __________(ב.ו.א) לבית שלהם הם __________ (ר.ו.צ) מהר לראות אותנו. הם מאוד __________ (א.ה.ב) אותנו!

8. אנחנו __________ (ש.א.ל) אותם אם הם רוצים__________ (ש.ו.ט) איתנו.

פיעל

חזרה: האם אתם מכירים את כל הפעלים האלה?

ביקר ביקש דיבר חילק טייל לימד ניסה סיפר שילם

תרגיל 6: אתם צריכים לכתוב משפט אחד עם כל פועל, בזמן עבר או הווה.

____

____

____

____

____

____

____

____

____

____

____

⬛ **תרגיל 7: אתם צריכים לכתוב את ההמשך של המשפט לפי אחת הדוגמאות.**

דוגמא: היא סידרה את הבית כי היא רצתה לסדר את הבית.

דוגמא: היא סידרה את הבית כי היא אהבה לסדר את הבית.

1. הוא לימד עברית באוניברסיטה כי _____
   _____.

2. אנחנו מדברות עברית כי _____
   _____.

3. הם שילמו במזומן כי _____
   _____.

4. טיילנו הרבה כי _____
   _____.

5. הן סידרו את הבגדים בארון כי _____
   _____.

6. ניסינו אוכל חדש בכל מקום כי _____
   _____.

7. דינה לא סיפרה לנו על הטיול כי _____
   _____.

8. ביקשנו עבודה אחרת כי _____
   _____.

התפעל

חזרה: האם אתם מכירים את כל הפעלים האלה?

התעורר התחתן התמקם התנדב התנסה התעמל התקדם התראה התרגש

⬛ **תרגיל 8: אתם צריכים לכתוב את ההמשך של המשפט לפי הדוגמא.**

דוגמא: הם התקדמו בלימודים כי הם למדו כל יום וחזרו על המילים החדשות.

1. הם התחתנו כי _____
   _____.

2. התעוררנו מוקדם כי _____
   _____.

3. היא התעמלה כל יום כי _____
   _____.

4. הן התרגשו מאוד כי _____
   _____.

5. התמקמנו על יד הטלוויזיה כי _____
   _____.

6. הוא התנדב לעבוד עם עולים מאתיופיה כי _____
   _____.

7. עוד לא התנסיתי בנהיגה בשלג כי _____
   _____.

8. הן התקדמו בעבודה שלהן מהר כי _____
   _____.

9. היא התעוררה בשבע כל בוקר כי _____
   _____.

13

תרגיל 9: אתם צריכים לכתוב שמונה משפטים, ובכל משפט <u>שניים</u> מהפעלים.

דוגמא : הן <u>התעוררו</u> מוקדם כי הן רצו <u>להתעמל</u> בבוקר .

_____

_____

_____

_____

_____

_____

_____

_____

_____

_____

_____

_____

_____

הפעיל

חזרה: האם אתם מכירים את כל הפעלים האלה?

הבין הכיר הכין הרגיש הרכיב הרצה התחיל

תרגיל 10: אתם צריכים לכתוב את ההמשך של המשפט ולהשתמש בגוף אחר לפי

הדוגמא.

דוגמא: <u>אני</u> מרגישה לא טוב כי <u>אתה</u> מדבר כל הזמן!

1. אני לא מבינה מה לעשות כי _____

2. הוא הרגיש לא טוב כי _____.

3. היא הרכיבה משקפיים כי _____.

4. הן התחילו לעבוד בחמש כי _____.

5. הם הכירו את כל השירים של זוהר ארגוב כי _____.

6. הוא לא הבין מה קרה כי ______________________________.
7. היא הרצתה באנגלית כי ______________________________.
8. הם הכינו סנדוויץ' בבוקר כי ______________________________.
9. הבנתי מה הוא אמר כי ______________________________.

תרגיל 11: אתם צריכים לכתוב את הנטייה בזמן עבר לפי הדוגמא.

אני הבנתי, הכנתי, הכרתי, הרגשתי, הרכבתי, הרציתי, התחלתי

אתה______________________________

את______________________________

הוא______________________________

היא______________________________

אנחנו______________________________

אתם______________________________

אתן______________________________

הם______________________________

הן______________________________

משהו על נון:

The consonant *nun*, when it does not have a vowel of its own, tends to assimilate into the following consonant and create a double consonant marked in the orthography by a *dagesh*:

~~מנתל-אביב~~ = מִתֵּל אביב ~~ישננו~~ = יָשַׁנּוּ ~~נתנתי~~ = נָתַתִּי

השורש של הפועל "להכיר" הוא נ.כ.ר, ולכן:

~~מנכיר~~ = מַכִּיר

~~הנכרתי~~ = הִכַּרתי

~~להנכיר~~ = לְהַכִּיר

לכן גם:

הוא נפל מהכיסא ~~והנפיל~~ והִפִּיל אותו (את הכיסא).

הוא נסע במונית, והיא ~~הנסיעה~~ הסִּיעה את הילדים במכונית שלה.

אִבְּן בָּטוּטָה היה נוסע שעשה ~~מנסעות~~ מסעות רבים בעולם במאה הארבע עשרה.

חפשו באינטרנט: מהי המילה "נון" בארמית?

מה היה מפעל "נון" בעתלית?

מי היה יהושע בן נון?

לא ~~הבננו~~ הֵבַנּוּ מה את אמרת!

The "doubling," or lengthening of the consonant, is not discernable in the spoken language, but you may encounter it in formal recitations.

תרגיל בשׂיחה: ☺☺

הסטודנטים עובדים בזוגות, ומתחילים שיחה עם "אני מכיר אותך מאיזה מקום..." או "אני מכירה אותך מאיזה מקום...". הם מנסים באמת למצוא מאיפה או משתמשים במשפט כ-"pick-up line."

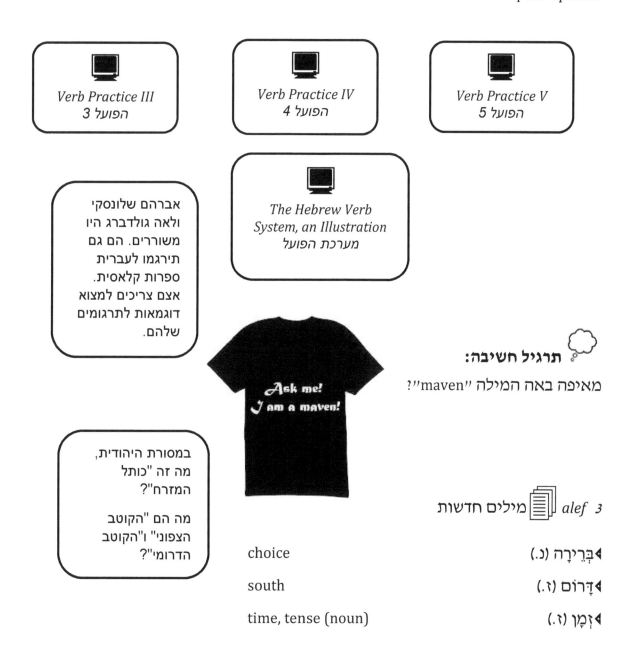

Verb Practice V
הפועל 5

Verb Practice IV
הפועל 4

Verb Practice III
הפועל 3

The Hebrew Verb System, an Illustration
מערכת הפועל

אברהם שלונסקי ולאה גולדברג היו משוררים. הם גם תירגמו לעברית ספרות קלאסית. אצם צריכים למצוא דוגמאות לתרגומים שלהם.

Ask me!
I am a maven!

תרגיל חשיבה:

מאיפה באה המילה "maven"?

במסורת היהודית, מה זה "כותל המזרח"?

מה הם "הקוטב הצפוני" ו"הקוטב הדרומי"?

alef 3 מילים חדשות

◂בְּרֵירָה (נ.)	choice
◂דָּרוֹם (ז.)	south
◂זְמָן (ז.)	time, tense (noun)

desire (noun)	חֵשֶׁק (ז.)
call on the phone	טִלְפֵּן/טִלְפֵן (טילפן, לטלפן)
direction	כִּוּוּן (ז., כיוון)
east	מִזְרָח (ז.)
west	מַעֲרָב (ז.)
patience	סַבְלָנוּת (נ.)
world	עוֹלָם (ז., ר. עולמות)
ring (verb), call on the phone	צִלְצֵל (צילצל, לצלצל)
north	צָפוֹן (ז.)
brains, intelligence	שֵׂכֶל (ז.)
translation	תַּרְגּוּם (ז.)
translate	תִּרְגֵּם (תירגם, לתרגם)

§1.2 The suffix ־ָה as an indication of direction

The direction-indicating *heh* is often added to the words מערב, מזרח, דרום, צפון, and other location or direction words to indicate movement toward these directions or locations: צפונה, דרומה, מזרחה, מערבה. In these cases the *heh* functions like the prefixed preposition ־ל when it indicates direction: נסענו צפונה = נסענו לצפון

a3

אם אנחנו מתחילים את הטיול באירופה באנגליה, ונוסעים מצפון לדרום, אנחנו יכולים לעבור בצרפת בשוויץ ובאיטליה. אנחנו יכולים להתחיל באיטליה ולנסוע צפונה, לשוויץ, ומשם מזרחה לאוסטריה, צפונה לגרמניה או מערבה, לצרפת.

הספר "מסביב לעולם בשמונים יום" של ז'ול וֶרן יצא לאור ב-1873. אליעזר בן יהודה תירגם את הספר לעברית ב-1891, וקרא לו "סביב הארץ בשמונים יום." יש שמונה תרגומים שונים לעברית של הספר!

אם אתם רוצים לחצות את אמריקה ממזרח למערב, אתם יכולים להתחיל בפלורידה, ולנסוע דרך ג'ורג'יה, אלאבאמה, מיסיסיפי, לואיזיאנה, טקסס, ניו-מקסיקו, אריזונה וקליפורניה.

זהו מסלול ארוך-- בערך 3,600 קילומטרים או 2,200 מילים.

באיזו שעה היא באה הביתה? הלכתי לישון ולא שמעתי אותה.

עשינו טיול באירופה לפני שנסענו ארצה.

מתי אומרים על מישהו שהוא "איבד את הצפון"?

למה קוראים למצפן "מצפן"?

תרגיל חשיבה: מי מדבר?

מי מדבר בכל משפט למעלה?

(דוגמא: אנחנו רוצים לנסוע צפונה בסוף השבוע. מי מדבר? אנשים שמתכננים טיול.)

מצפן

משחק מחשב ידוע משנות השמונים היה "לאן נעלמה כרמן סאן דייגו." אתם צריכים לחפש מידע על המשחק באינטרנט, ולספר על כרמן סאן דייגו. איך קראו למשחק באנגלית? (השם באנגלית הוא משחק מילים!)

תרגיל 12: אם אני נוסעת ממקום א למקום ב, באיזה כיוון אני נוסעת?

מקום א	מקום ב	כיוון
אוקלהומה	טקסס	צפונה
ניו-מקסיקו	טקסס	________
קולוראדו	ויומינג	________
טנסי	אלאבאמה	________
מונטאנה	וושינגטון	________
ניו-יורק	פנסילווניה	________
מיזורי	קנזס	________
דאקוטה הצפונית	דאקוטה הדרומית	________
מונטאנה	מינסוטה	________
אורגון	קליפורניה	________

שיר חלוצים וריקוד ישראלי קלאסי הוא "אנו באנו ארצה לבנות ולהיבנות בה." מה אתם יודעים על השיר? על הריקוד?

תרגיל 13: אם אני נוסעת ממקום א למקום ב, באיזה כיוון אני נוסעת?

מקום א	מקום ב	כיוון
תל-אביב	ירושלים	________

	חיפה	נתניה
────────	תל-אביב	באר-שבע
────────	עכו	חיפה
────────	יריחו	בית-שאן
────────	צפת	אילת
────────	קריית-גת	מטולה
────────	קצרין	נהריה
────────	רחובות	דימונה

§1.3 Expressions involving possession or experiences

Sentences involving possession are primarily formed in the present tense with יש *there is/there are* and אין *there isn't/there aren't*. Whatever is possessed (underlined in the examples below) serves as the subject of the Hebrew sentence, while the possessor is an object of the preposition -ל.

משפטים:

אין לנו זמן לדבר איתכם עכשיו. (We have no time to speak with you now.)

אין לי חשק לעבוד, אבל אין לי ברירה. (I have no desire to work, but I have no choice.)

יש לה שכל. (She is smart, she has intelligence.)

This structure is counterintuitive for students who are speakers of English, as in English the possessor is the subject of the sentence (as in <u>We</u> have no time, <u>I</u> have no choice). An initial approach to the structure may focus on the literal, which is somewhat clumsy but may illustrate the point: There is to us no time, there is to me no choice.

In the past tense, the verb היה (היה, היתה, or היו) is used in accordance with the gender and number of whatever is possessed:

היה לנו טיול נעים! (הטיול היה נעים)

היתה לו חברה טובה. (החברה היתה טובה)

היו לך שיעורים היום? (השיעורים היו היום?)

לא היה לנו חשק לעבוד. (החשק לא היה)

לא <u>היתה</u> לי <u>סבלנות</u> לסיפורים שלו. (הסבלנות לא היתה)

כש<u>היה</u> להם <u>זמן</u>, הם צילצלו אלי. (הזמן היה)

A similar structure is used in sentences involving an experience or a sensation (with קר, משעמם, חם, קשה, קל, מעניין and the like). The sensation or experience serve as the subject of the sentence, and the person experiencing the sensation is an object of the preposition ל-. Thus, חם לי (literally: It is hot to me) means *I am hot*, that is, *I feel hot*. However, אני חם, which parallels the English sentence structure, means *I am hot to touch*, or *I am passionate* and, in the colloquial, *I have a bad temper* or *I am sexually aroused*. Similarly, קר לו means *he is cold*, but הוא קר means *he is a cold person, without feelings*. The "be" verb in such structures always takes the generic masculine singular form in the past tense, as "cold" or "hot" does not have a gender:

היה לנו <u>חם</u>, היה לה <u>משעמם</u>, היה להן <u>טוב</u>.

Study the sentences below:

 a4

<u>טוב</u> לי כאן! האנשים נחמדים, העבודה שלי מעניינת, ומזג האוויר נעים.

<u>משעמם</u> לי בכיתה כי המורה משעמם מאוד. אבל אין לי <u>ברירה</u>-- הוא המורה היחיד שמלמד את השיעור הזה.

היה לי <u>חם</u> מאוד באריזונה, כי לקחתי בגדים חמים ולא חשבתי מספיק על מזג האוויר.

כשנסענו לעשות סקי בחרמון היה לנו <u>קר</u> כי לא לקחנו מעילים. אבל במלון היה לנו <u>נעים</u>.

עכשיו <u>קל</u> לי לדבר עברית, כי אני יודעת את השפה. אבל לפני שלוש שנים, כשבאתי לארץ, היה לי <u>קשה</u> מאוד. עברית היא שׂפה קשה!

היה לנו <u>חשוב</u> להבין מה הוא אומר כי רצינו לדעת מה אנחנו צריכים לעשות בבחינה.

היה לנו <u>טוב</u> לעבוד ביחד. אני רוצה לעבוד איתן כל הסמסטר!

תרגיל חשיבה: מי מדבר?

מי מדבר בכל משפט למעלה?

(דוגמא: קר לי בכיתה. מי מדבר? סטודנטית שלא לבשה בגדים מתאימים.)

תרגיל 14: אתם צריכים להשלים את המשפטים.

1. יש לי חשק...____
2. אין להם חשק... ____
3. יש לו סבלנות... ____
4. אין לה סבלנות... ____
5. יש לכם זמן...? ____
6. אין להן ברירה: הן צריכות... ____
7. לא היה לנו זמן: עבדנו ... ____

תרגיל 15: אתם צריכים לכתוב את המשפטים בזמן עבר.

1. טוב לנו באילת. ____
2. משעמם להן בשיעור. ____
3. יש לי חשק לנסוע צפונה בחופש. ____
4. אין לנו סבלנות לאנשים משעממים. _______________________________________
5. אין בדירה שלי טלוויזיה. ____
6. יש לו ספרים מתורגמים מאנגלית ומצרפתית. _____________________________________
7. יש פה מישהו שמדבר עברית? ____
8. קר לי פה—אני רוצה סוודר חם. ____
9. אנחנו לא רוצים להיות פה, אבל אין לנו ברירה! __________________________________

____

10. אין לנו זמן לדבר איתכם. ____

☺☺ **תרגיל בשׂיחה:**

הסטודנטים עובדים בקבוצות ושואלים שאלות כמו: איפה קר לאנשים ואיפה חם להם? למי (או למה) לא היתה לך סבלנות פעם אבל עכשיו יש לך סבלנות? מה יש (או אין) לך חשק לעשות עכשיו? מה את לא רצית לעשות אבל לא היתה לך ברירה? איפה טוב לך, ולמה?

§1.4 Four-letter roots

Some words in Hebrew have four-letter roots rather than the common three-letter roots. Such words are often derived from the verb patterns Pi'el or Hitpa'el, both of which have a doubled middle root consonant, and many of them were coined in the modern era. The verbs טילפן, צילצל, and תירגם introduced above are examples of words based on four-letter roots.

תרגיל 16: אתם צריכים לכתוב את המשפטים בזמן עבר.

1. הטלפון מצלצל אבל היא לא עונה. ____________
2. את מתרגמת את המשפטים מעברית לאנגלית או מאנגלית לעברית? ____________
3. הן מטלפנות אל ההורים שלהן יום יום, ומבקרות אותם פעם בשבוע. ____________
4. ה"ביג בן" מצלצל ארבע פעמים בשעה. ____________
5. כשהם מטלפנים אלינו אנחנו מדברים ומדברים. ____________

זה עולם קטן מאוד!

The word עולם, which in the spoken language is used in the sense of *world*, also indicates a very long span of time, an eternity. Hence it is used in expressions such as the following:

Forever עד עולם

Never, ever (referring to the past) מעולם

Never (referring to the future) לעולם

Died (euphemism; literally: he went on to his eternity) הלך לעולמו

a5

ברט לנקסטר ודברה קאר שיחקו בסרט הקלאסי "מעתה ועד עולם" (1953). ביחד איתם שיחקו בסרט גם פראנק סינטרה ומונטגומרי קליפט. הסרט מספר על חיילים אמריקאיים

בהוואי בזמן מלחמת העולם השנייה.

מעולם לא הבנתי ולעולם לא אָבִין למה הוא עזב את הארץ ונסע לאמריקה.

דוויד בן גוריון הלך לעולמו ב-1973. אשתו, פולה, הלכה לעולמה חמש שנים לפניו, ב-1968.

בית-קברות נקרא גם בית-עולם או בית-עלמין (עלמין בארמית כמו עולמות בעברית).

את הברכה השנייה לפני קריאת "שמע" פותחים במילים: "אהבת עולם בית ישׂראל עַמְּךָ אהבת".

המשוררת רחל בלובשטיין (1890-1931) כתבה ב-1927 את השיר "ואולי לא היו הדברים מעולם" (זו גם והשורה הראשונה של השיר). אתם צריכים לחפש את השיר באינטרנט, ולדבר עליו ועל רחל בכיתה.

מה אתם יודעים על השיר "זה עולם קטן מאוד"? איפה שרים אותו? אתם צריכים לחפש את השיר באינטרנט. באילו שפות שרים אותו בתוכנית "שלום סומסום"?

מה אתם יודעים על השבועון "העולם הזה"?

דן מינסטר כתב את השיר "דמעות של מלאכים." מה הוא אומר על מה שקורה בעולם הזה כשהמלאכים בוכים בעולם אחר.? אתם צריכים לדבר על השיר בכיתה.

מה אתם יודעים על המשורר שלום שבזי? אתם צריכים למצוא שירים שלו ששרה הזמרת עופרה חזה (1957-2000).

אתם צריכים למצוא באינטרנט את השיר "קפה טורקי" ששר אריק אינשטיין (1939-2013). מה אנחנו לומדים על ה"משורר"?

בשיר אומרים על קפה טורקי "זה עולמי". מה זה "עולמי" בקונטקסט הזה?

אתם צריכים למצוא את השיר "מעין עולם הבא." מאיפה בא השיר? על מה הוא?

בשנות השישים היתה להקה בשם "איש חסיד היה" ששרה את השיר הזה. אתם צריכים למצוא את הבִיצוּעַ שלהם ואת הביצוע של אברהם אבוטבול ואחרים.

נושׂאים לכתיבה:

מקומות בישׂראל בהם עוברת רכבת ישׂראל וזמני נסיעות (בקרו באתר רכבת ישראל!)

בתי-מלון (מלונות) בתל-אביב, והמחירים שלהם

דברים שתיירים יכולים לעשות באילת

משוררים שאני אוהב/משוררים שאני אוהבת

דברים שאני עושה כשיש לי זמן

קהילות יהודיות בצפון אפריקה או בדרום אמריקה

זמנים שבהם אנחנו מבקרים את המשפחות שלנו

בתחנה המרכזית בתל-אביב

העולם קטן מאוד בסטודיו! צייר גיל זילכה

פעילות יוצרת:

סטודנטים מביאים לכיתה תמונות מטיולים בארץ עם אנקדוטות מכל טיול.

בעיר שלנו : סטודנטים מתכננים את התחנה המרכזית בעיר שהכיתה "בונה."

סטודנטים מציירים את האוטובוס או המכונית של העתיד.

יחידה ב

מילים חדשות   bet 1

artist	אָמָן (אומן, ז., נ., אומנית) ◀
art, the arts	אָמָנוּת (נ., אומנות) ◀
lecture, talk (noun)	הַרְצָאָה (נ.) ◀
pioneer	חָלוּץ (ז.) ◀
modern	מוֹדֶרְנִי ◀
frame (noun), framework	מִסְגֶּרֶת (נ.) ◀
scenery, landscape	נוֹף (ז.) ◀
topic, subject	נוֹשֵׂא (ז.) ◀
sculptor	פַּסָּל (ז.) ◀
statue, sculpture	פֶּסֶל (ז.) ◀
paint, dye, color (noun)	צֶבַע (ז.) ◀
watercolors	צִבְעֵי-מַיִים ◀
oil paint	צִבְעֵי-שֶׁמֶן ◀
draw (picture), paint (verb)	צִיֵּר (צייר, לצייר) ◀
painter	צַיָּר (ז., צייר) ◀
picture, painting	תְּמוּנָה (נ.), צִיּוּר (ז.) ◀

> אתם צריכים לחפש
> באינטרנט "סיור וירטואלי
> במוזיאון" (או "ביקור
> וירטואלי במוזיאון"). אחרי
> שאתם מבקרים במוזיאון,
> אתם צריכים לספר לחברים
> בכיתה איפה הייתם ומה
> ראיתם.

> אתם צריכים לחפש
> באינטרנט את השיר
> "מי יבנה בית בתל-
> אביב." ממתי השיר?
> מי כתב את המילים?
> את המנגינה? על מה
> השיר? על אילו מקומות
> אחרים הוא מדבר?

🎧 b1

שלום למבקרים במוזיאון תל-אביב. המוזיאון ברחוב שאול המלך 27, ואפשר לבקר בו בימים
שני, רביעי ושבת בין עשר בבוקר לשש בערב; בימי שלישי וחמישי מעשר בבוקר עד תשע בערב,
וביום שישי מעשר בבוקר עד שתיים אחר הצהריים. ביום ראשון המוזיאון סגור.

במוזיאון יש השבוע תערוכה של ראובן רוּבִּין. רובין נולד ברומניה ב- 1893 ועלה ארצה ב-1923. הוא היה מחלוצי האמנות המודרנית בישראל. הוא צייר תמונות דיוקן (פּוֹרְטְרֶטִים) ונוף בצבעי-שמן ומיים. ב-1973 הוא קיבל את פרס ישראל. רובין נפטר ב-1974.

יש גם תערוכה של הציירת מריים כַּבֶּסָה, שנולדה בקזבלנקה ב-1966 ועלתה ארצה ב-1969. כבסה מציירת בסגנון פֶּרפוֹרמָטִיבִי—היא מציירת לפני הקהל ומשתמשת בידיים ובגוף.

לפני שנה היתה במוזיאון תערוכת תמונות גדולה של הציירת אנה טיכו, שאהבה לצייר את נוף ירושליים. היא נולדה בצ׳כוסלובקיה ב-1894, ועלתה ארצה ב-1912. היא התחתנה עם ד״ר טיכו, שהיה רופא עיניים יָדוּעַ בירושלים. היא הלכה לעולמה ב-1980. ציורים רבים שלה בצבעי-פסטל וצבעי-מיים. אנשים רבים בעולם מכירים את תמונות הפרחים שלה.

לפני המוזיאון יש גם פסלי-ברונזה של הנרי מור ושל פסלים מקומיים.

כל יום חמישי בשעה שלוש בצהריים יש במוזיאון הרצאה על נושא אחר. הרצאת השבוע היא על ההסטוריה של ״בצלאל,״ בית הספר לאומנות בירושלים, במסגרת ההרצאות על ההסטוריה של האומנות בארץ.

תרגיל 1: אתם צריכים לסמן נכון (✓), לא נכון (✗), אי אפשר לדעת (?).

המוזיאון פתוח כל בוקר. ✓ ✗ ?

מריים כבסה נולדה במרוקו. ✓ ✗ ?

ד״ר טיכו למד בירושליים. ✓ ✗ ?

יש במוזיאון הרצאות כל שבוע. ✓ ✗ ?

ראובן רובין היה בן שלושים כשהוא עלה ארצה. ✓ ✗ ?

שאלות הבנה:

איפה נמצא המוזיאון? באילו שעות הוא פתוח?

אם מישהו עובד עד שבע בערב, באילו ימים הוא יכול לבקר במוזיאון?

מה אתם יודעים על ראובן רובין? על מרים כבסה?

בת כמה היתה אנה טיכו כשהיא עלתה ארצה?

באילו צבעים אהבה אנה טיכו לצייר?

מה היה "בצלאל"?

שאלות הרחבה:

למה אנשים מבקרים במוזיאונים?

אילו מוזיאונים גדולים יש בעיר שלנו? בניו יורק?

מי היה הנרי מור?

למה קוראים לצבעי-מיים צבעי-מיים, ולצבעי-שמן צבעי-שמן?

טריוויה: מי האומן בסרט "Ever After"?

טריוויה: דון מקלין כתב את השיר "וִינְסֶנט" על צייר מאוד ידוע. על מי הוא כתב את השיר?

מה אתם יודעים על הצייר?

בסטודיו צייר: גיל זילכה

תרגיל 2: אתם צריכים לכתוב ביוגרפיה קצרה של אחד מהאומנים הבאים. את המידע אתם יכולים למצוא באינטרנט.

יעקב אָגָם אביבה אורי

מרדכי אַרדון	אביגדור אָריכא
דינה בבאי	נפתלי בֶּזֶם
יוסל בֶּרְגנר	דורון דהן
מרסל יַאנְקו	משה מוֹקדי
ציונה תָגר	יגאל תוֹמַרְקין

מקצועות: אתם צריכים לשים לב למבנה המילים!

צַיָּר מצייר תמונות (ציורים). **פַּסָּל** מפסל (עושה פסלים).

זַמָּר שר (מזמר). **גַּנָּן** עובד בגן.

טַבָּח עובד במטבח ומכין אוכל. **טַיָּס** מטיס מטוסים.

המשורר הספרדי בן המאה האחת עשרה משה אבן עזרא נקרא "הסַלָּח." מה אתם יודעים עליו? למה קראו לו "הסלח"?

תרגיל חשיבה:

איך קוראים למישהו ש**גונב** (לוקח דברים שלא שלו)? למישהו ש**כותב** בשביל עיתון או מֶדיה? למישהו שעובד עם **שעונים**? למישהו ש**צובע** בתים?

מה אתם יודעים על הצייר אנדי וורהול? אתם צריכים למצוא מידע עליו באינטרנט ולהביא כמה תמונות שהוא צייר לכיתה.

מה אתם יודעים על וורהול ומוזיקת פאנק-רוק?

מה אתם יודעים על הזמרת הישראלית זהבה בן?

זהבה בן שרה את השיר "אינתא עומרי" של הזמרת המצרייה אום כולתום. מה אתם יודעים על אום כולתום ועל השיר?

ציור מאוד ידוע של פאבלו פיקאסו משנת 1937 מתאר את מלחמת האזרחים בספרד. מה שם הציור? אתם צריכים למצוא את הציור ומידע עליו ולהתכונן לשיחה בכיתה.

bet 2 מילים חדשות

that, which, who	אֲשֶׁר
regret (verb)	הִצְטַעֵר (להצטער)
apologize	הִתְנַצֵּל (להתנצל)
when, at the time that...	כַּאֲשֶׁר
because	מִפְּנֵי, כֵּיוָן (כיוון)
excuse (noun)	תֵּרוּץ (ז., תירוץ)

§2.1 Subordinate clauses and complex sentences

A subordinate clause is dependent on (or subordinated to) another clause for meaning where together the clauses constitute a complex sentence. Following are examples of complex sentences that combine a main clause and a dependent, or subordinate, clause. The main clause is underlined in each example:

הצייר גר ברחוב שלנו. הצייר מדבר עם הילדים.

הצייר שגר ברחוב שלנו מדבר עם הילדים.

הצייר שמדבר עם הילדים גר ברחוב שלנו.

"Dependence" can be illustrated with sentences that include an adjective:

הצייר זקן. הצייר גר ברחוב. הצייר מדבר עם הילדים.

הצייר הזקן מדבר עם הילדים. הצייר הזקן גר ברחוב.

The adjective הזקן is parallel in function to a subordinate clause. Just like הזקן cannot stand by itself, and is dependent on the rest of the sentence for meaning, the subordinate clause שגר ברחוב שלנו cannot stand by itself, and is dependent on the main clause הצייר מדבר עם הילדים for meaning.

In classical Hebrew, the subordinating particle אשר is used where the modern language uses -ש for *that, which, who.* אשר may be used in combination with other particles: The most common combination is כאשר *when*, which is parallel to the prefix -כש used in the spoken language:

כשביקרנו במוזיאון, ראינו תמונות מעניינות של שני ציירים אימפרסיוניסטים: מונה וסזאן.
כאשר ביקרנו במוזיאון, ראינו תמונות מעניינות של שני ציירים אימפרסיוניסטים: מונה וסזאן.

בשיר של נעמי שמר "סימני דרך", ששר יהורם גאון, הוא שר "מי אשר קולי שומע/ הוא יבוא הביתה איתי", וזה כמו "מי ששומע את הקול שלי הוא יבוא איתי הביתה."

A sentence that may further illustrate subordination in Hebrew involves indirect speech. In the following examples, two clauses representing direct speech are combined in a main+subordinate clause construction when the same information is conveyed using indirect speech:

הוא חושב: "אני צריך לנסוע צפונה!" הוא חושב שהוא צריך לנסוע צפונה.

היא אומרת: "אני לא אוהבת אומנות מודרנית." היא אומרת שהיא לא אוהבת אומנות מודרנית.

הם אמרו: "החברים שלנו מבקרים במוזיאון ישראל פעם בשנה." הם אמרו שהחברים שלהם מבקרים במוזיאון ישראל פעם בשנה.

הן כתבו מרומא: "לא אהבנו את הפסלים של מיכאלאנג'לו." הן כתבו מרומא שהן לא אהבו את הפסלים של מיכאלאנג'לו.

היא סיפרה לנו: "מאוד רציתי לבקר בתערוכה, אבל לא היה לי זמן." היא סיפרה לנו שהיא מאוד רצתה לבקר בתערוכה אבל לא היה לה זמן.

תרגיל בשיחה: ☺☺

סטודנט אחד מדבר "לטינית", וסטודנט אחר "מתרגם" מה שהוא אומר לעברית ("היא אומרת ש.../הוא אומר ש...)

דוגמא: Iway eakspay igpay atinlay
היא אומרת שהיא מדברת לטינית.

While spoken English allows both "He thinks that he does not study enough" and "He thinks he does not study enough," Hebrew always requires a subordinating particle. Learners may have initial difficulties with assessing where one has to use a subordinating particle in a sentence because of that.

Another structure involving subordination contains prepositions. In the following examples we compare simple sentences and complex sentences that convey similar ideas. In the simple sentence (the first in the pair) the preposition is followed by a noun or a noun phrase, and in the complex sentence (the second in the pair) the preposition is followed by a clause. Note the use of -ש before the preposition in the subordinate clauses:

אחרי החתונה הם נסעו לצפת לשבוע.

אחרי שהם התחתנו הם נסעו לצפת לשבוע.

הייתי באוניברסיטה עד הבוקר.

הייתי באוניברסיטה עד שבא הבוקר.

הלכתי להרצאה במוזיאון לפני השיעור הראשון.

הלכתי להרצאה במוזיאון לפני שבאתי לשיעור הראשון.

Some of the variants of "because" in Hebrew (כי, בגלל, מפני, כיוון) are involved in sentences using subordination. Before a noun or a noun phrase, we use the preposition בגלל for "because":

לא מצאתי את האתר בגלל המפה הישנה.

למדנו כל הלילה בגלל הבחינה.

Before a clause we mostly use the conjunction כי:

לא מצאתי את האתר כי היתה לי מפה ישנה.

למדנו הרבה כי היתה לנו בחינה.

Other "because" words that function like כי are the preposition מפני and the adverb כיוון. Whenever they precede a subordinate clause, they are followed by -ש:

לא מצאתי את האתר מפני שהיתה לי מפה ישנה.

למדנו הרבה כיוון שהיתה לנו בחינה.

In spoken Hebrew the combination בגלל ש- is very common:

לא מצאתי את האתר בגלל שהיתה לי מפה ישנה.

Unlike מפני, כיוון, and בגלל, all of which can open a sentence, כי is commonly used later in a sentence, preceding the second or later sentence in the sequence:

כיוון שהיתה לי מפה ישנה, לא מצאתי את האתר.

מפני שהיתה לי מפה ישנה, לא מצאתי את האתר.

בגלל שהיתה לי מפה ישנה, לא מצאתי את האתר.

בגלל המפה הישנה לא מצאתי את האתר.

לא מצאתי את האתר כי היתה לי מפה ישנה.

עוד דוגמאות:

לא באתי להרצאה בגלל הגשם.

לא באתי להרצאה מפני שירד גשם.

לא באתי להרצאה כי ירד גשם.

לא באתי להרצאה כיוון שירד גשם.

אהבנו את התמונות של סלבדור דאלי בגלל הסִגְנוֹן המיוחד שלו.

אהבנו את התמונות של סלבדור דאלי מפני שהיה לו סגנון מיוחד.

אהבנו את התמונות של סלבדור דאלי כיוון שהיה לו סגנון מיוחד.

אהבנו את התמונות של סלבדור דאלי כי היה לו סגנון מיוחד.

> אתם צריכים למצוא באינטרנט מידע על סלבדור דאלי, להביא לכיתה תמונה שהוא צייר ולדבר עליה.

קניתי מסגרת חדשה בשביל התמונה כי המסגרת הישנה לא היתה מתאימה.

קניתי מסגרת חדשה בשביל התמונה כיוון שהמסגרת הישנה לא היתה מתאימה.

b2

תירוצים! תירוצים!

כשאני שואלת שאלות קשות, הוא לא יודע מה להגיד, אבל בדרך כלל הוא מנסה לענות לי, ולפעמים ממציא תירוצים אם אני שואלת דברים שהוא צריך לדעת ולא יודע, או צריך לעשות ולא עושה. הוא תמיד ממציא תירוצים כשאני שואלת אותו למה הוא לא גמר את העבודה בזמן. היום הוא אמר שהוא לא יכול היה לכתוב כי הוא לא מצא אפילו עט או עיפרון אחד בבית. את התירוץ הזה עוד לא שמעתי!

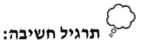

תרגיל חשיבה:

מי מדבר בקטע למעלה?

תירוצים של סטודנטים (אתם צריכים לכתוב עוד שני תירוצים):

Excuses
תירוצים

אין לי מחברת פה כי הכלב שלי אכל אותה.

לא באתי לבחינה כי השעון המעורר שלי לא עבד.

לא יכולתי ללמוד כי היתה מסיבה בבית שלנו והאנשים עשו הרבה רעש.

לא באתי בזמן לשיעור כי האוטובוס והוא לא בא.

לא עשיתי שיעורים כי לא הבנתי מה צריך לעשות.

תרגיל 3: אתם צריכים לכתוב את התירוצים האלה מחדש, ולהשתמש בכיוון ש... או מפני ש...

תרגיל 4: אתם צריכים לכתוב משפטים שמתחילים במילים:

לא גמרתי את השיעורים כיוון ש...

לא באנו בזמן מפני ש...

אכלתי סטייק לארוחת בוקר כיוון ש....

חשבתי שהיום שבת כי...

לא רצינו לדבר איתה מפני ש...

התעוררתי מאוחר כי...

אין לי ספר היום כי...

§2.2 Expressing regret and sorrow in Hebrew

For condolences and expressions of deep regret, use אני מִצְטַעֵר

For apologies, use אני מִתְנַצֶּלֶת

For situations requiring the equivalent of *excuse me* or *sorry*, use סליחה

אני מצטערת לשמוע שאבא שלך נפטר.

שכחתי את הספרים בבית—אני מתנצל!

סליחה, אולי אתה יודע מתי פותחים את המוזיאון?

סליחה, לא ראיתי שאת פה.

תרגיל בשיחה: אתם צריכים לחשוב על מה להגיד.

מה אנחנו יכולים להגיד לחבר שאיבד את הכלב שלו?

מה אתם יכולים להגיד אם שכחתם לבוא לפגישה עם חברה?

מה אתם יכולים להגיד אם שני אנשים מדברים ואתם רוצים לשאול אחד מהם איך למצוא רחוב קרוב?

תרגיל 5: אתם צריכים לכתוב משפטים שמתחילים במילים למטה לפי הדוגמאות.

נסעתי לתערוכה אחרי ההרצאה על מארק שאגאל.

נסעתי לתערוכה אחרי ששמעתי הרצאה על מארק שאגאל.

מה אתם יודעים על מארק שאגאל?

איזו תערוכה יש עכשיו במוזיאון לאומנות מודרנית בניו יורק? (MOMA)

1. באנו לשיעור אחרי...
2. באנו לשיעור אחרי ש...
3. הן נסעו לתערוכה לפני ...
4. הן נסעו לתערוכה לפני ש...
5. לא גמרתי את השיעורים בגלל...
6. לא גמרתי את השיעורים מפני ש...
7. באתי לדבר איתך בגלל...
8. באתי לדבר איתך בגלל ש...
9. הן ישבו בבית הקפה עד...
10. הן ישבו בבית הקפה עד ש...

תרגיל חשיבה:

למה המשפטים למטה **לא נכונים**? מהם המשפטים הנכונים?

אני לומד מתי הוא עובד.

אני לא מכירה את האיש מי הולך ברחוב.

אני יודעת הוא פסל חשוב.

לא באתי לשיעור בגלל שהגשם.

> בהגדה של פסח אנחנו קוראים על רבי אליעזר ורבי יהושוע ורבי אלעזר בן עזריה ורבי עקיבא ורבי טרפון שישבו בבני-ברק. מה הם עשו שם? מה קרה עם התלמידים שלהם?

bet 2 (continued) מילים חדשות

אָדֹם (אדום, נ. אֲדֻמָּה אדומה)	red
אָפֹר (נ. אֲפוֹרָה)	grey
בָּהִיר (ז., נ. בְּהירה)	light (shade), clear, fair (complexion)
וָרֹד (ורוד, נ. וְרֻדָּה ורודה)	pink
חוּם (נ. חוּמָה)	brown
חָזָק (ז., נ. חֲזָקָה)	strong
חָקִי, חאקי (אין צורת נקבה או רבים)	khaki
יָרֹק (ירוק, נ. יְרֻקָּה ירוקה)	green
כֵּהֶה (ז., נ. כֵּהָה)	dark
כָּחֹל (כחול, נ. כְּחֻלָּה כחולה)	blue
כָּתֹם (כתום, נ. כְּתֻמָּה כתומה)	orange (color)
לָבָן (נ. לְבָנָה)	white
סָגֹל (סגול, נ. סְגֻלָּה סגולה)	purple
צָהֹב (צהוב, נ. צְהֻבָּה צהובה)	yellow
שָׁחֹר (שחור, נ. שְׁחוֹרָה)	black

> יש בעברית שיר ילדים אהוב:
>
> לפרה האדומה
> יש עגלה קטנה, חומה...
> מצאו את השיר באינטרנט.
> על מה השיר, ומי כתב אותו?

Colors are adjectives, and like other adjectives they agree in gender, number, and definiteness with the nouns that they modify.

באיזה צבע החולצה שלך?

החולצה שלי בצבע אפור./ החולצה שלי אפורה.

באיזה צבע המכנסיים שלך?

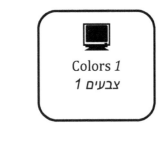

המכנסיים שלי בצבע כחול./המכנסיים שלי כחולים.

באיזה צבע הבית שלו?

הבית שלו בצבע לבן./הבית שלו לבן.

באיזה צבע העיניים שלך?

העיניים שלי בצבע כחול./ העיניים שלי כחולות.

מה הצבע של השמיים?

הצבע של השמיים כחול. השמיים כחולים.

באיזה צבע המכנסיים שלך?

המכנסיים שלי בצבע חאקי./אני לובשת מכנסי חאקי.

Colors *1*
צבעים 1

Colors *2*
צבעים 2

תרגיל בשיחה:

אתם צריכים לספר לכיתה על אחד מהסטודנטים בכיתה: מה הוא או היא לובש/ת, ובאיזה צבע. אתם גם צריכים לדבר על צבע העיניים שלכם ושל בני המשפחה שלכם.

אתם צריכים להביא תמונה לכיתה, ולספר לסטודנטים על הצבעים בתמונה.

אתם צריכים לדבר על מישהו שהוא עִוֵּר-צבעים (עיוור—מישהו שלא רואה).

תרגיל חשיבה:

למה סָגֹל-סְגֻלָּה אבל אָפֹר-אֲפוֹרָה? שָׁחֹר-שְׁחוֹרָה?

כשרוצים להגיד על מישהו שהוא hypocrite, אומרים שהוא צָבוּעַ. למה?

תרגיל 6: אתם צריכים צריכים להשלים את המשפטים לפי הדוגמא.

דוגמא: כחול ולבן = כחול בהיר.

אדום וצהוב = ______________________

צהוב וכחול = ______________________

אתם צריכים למצוא את השיר "שיר עֶרֶשׂ לצבעים" שכתבה נעמי שמר (1930-2004) ולדבר על השיר בכיתה.

מה זה "שיר ערש"?

37

לבן ושחור = _____

אדום וחום = _____

אדום ולבן = _____

סגול ושחור = _____

ירוק ולבן = _____

חום ולבן = _____

חום ושחור = _____

כחול ושחור = _____

אתם צריכים למצוא את השיר "כחול ולבן זה צבע שלי" ששרו יהודים ברוסיה שלא יכלו לצאת מרוסיה ולעלות ארצה (סירובניקים, אסירי-ציון). על מה השיר? מי כתב אותו? מתי הוא עלה ארצה?

§2.3 Time expressions, past tense

bet 3 מילים חדשות

yesterday	אֶתְמוֹל
last week	בַּשָׁבוּעַ שֶׁעָבַר
last year	בַּשָׁנָה שֶׁעָבְרָה
in the past two years	בַּשְׁנָתַיִים שֶׁעָבְרוּ
a week ago	לִפְנֵי שבוע
a year ago	לִפְנֵי שנה
two years ago	לִפְנֵי שנתיים
once upon a time, once, an instant	◀פַּעַם (נ., ר. פְּעָמִים)
the day before yesterday	◀שִׁלְשׁוֹם

The verb עבר *pass* is used to indicate a span of time in the past, e.g., the week that passed (last week), the year that passed (last year), etc.:

בשבוע שעבר נסעתי לטיול בצפון.

בשנה שעברה לא היינו פה.

בסמסטר שעבר לקחתי קורס באומנות מודרנית.

אבל:

השבוע שעבר היה טוב.

השנה שעברה היתה מאוד מעניינת.

הסמסטר שעבר היה קשה.

✋ In such expressions, Hebrew makes a distinction that English does not: both **השבוע שעבר** (the week that passed) and **בשבוע שעבר** (during the week that passed) are rendered as "last week" in English, and the adjustment may take some practice for students who are speakers of English.

The preposition **לפני** is used to refer to a certain point in time, as defined by its distance from a current point in time, much like the English "ago":

לפני שבועיים נסעתי למרוקו לבקר את המשפחה של ההורים שלי בקזבלנקה.

לפני חמש שנים גרנו בדירה קטנה בתל-אביב, על יד שוק הכרמל.

לפני שנתיים היתה במוזיאון תערוכה של יגאל תומרקין.

☺☺ **תרגיל בשׂיחה:**

אתם צריכים לספר לכיתה מה עשיתם אתמול, מה עשיתם שלשום, ומה עשיתם לפני שבוע.

אתם צריכים לספר לכיתה בני כמה אתם עכשיו, ובני כמה הייתם לפני שנה ולפני שנתיים.

אתם צריכים לספר לכיתה מה קרה במשפחה שלכם בשנתיים שעברו.

✍ **תרגיל 7: אתם צריכים להשלים את המשפטים (ולכתוב מספרים במילים).**

השנה עכשיו _____.

1925 היתה לפני_____ שנים.

1907 היתה לפני_____ שנים.

1980 היתה לפני_____ שנים.

1895 היתה לפני_____ שנים.

1900 היתה לפני_____ שנים.

1912 היתה לפני_____ שנים.

1492 היתה לפני_____ שנים.

החודש עכשיו _____.

ינואר היה לפני ________________ חודשים.

מרץ היה לפני ________________ חודשים.

נובמבר היה לפני ________________ חודשים.

אפריל היה לפני ________________ חודשים.

יוני היה לפני ________________ חודשים.

היום יום ___________.

יום שלישי היה לפני ________________ ימים.

יום שבת היה לפני ________________ ימים.

יום חמישי היה לפני ________________ ימים.

יום ראשון היה לפני ________________ ימים.

יום שישי היה לפני ________________ ימים.

§2.4 Future tense

Future-tense forms are characterized by prefixes that are typical of each person. Some of the forms also have typical suffixes. Below we use the short verb to illustrate the future-tense conjugation. In the short verb, the typical vowel of the verb, known to you from the infinitive form, is present throughout the future-tense conjugation (אקום, לקום).

זמן עתיד: פעלי ע״ו/ע״י

ק.ו.מ	ב.ו.א	ש.י.ר
אָקוּם	אָבוֹא	אָשִׁיר
תָּקוּם	תָּבוֹא	תָּשִׁיר
תָּקוּמִי	תָּבוֹאִי	תָּשִׁירִי
הוא יָקוּם	הוא יָבוֹא	הוא יָשִׁיר
היא תָּקוּם	היא תָּבוֹא	היא תָּשִׁיר
נָקוּם	נָבוֹא	נָשִׁיר
תָּקוּמוּ	תָּבוֹאוּ	תָּשִׁירוּ

אתם צריכים למצוא את השיר "יום יבוא" ששרה הלהקה של "אל תקרא לי שחור." על מה מדבר השיר?

Future Tense 1
זמן עתיד 1

תָּקוּמוּ	תָּבוֹאוּ	תָּשִׁירוּ
הם יָקוּמוּ	הם יָבוֹאוּ	הם יָשִׁירוּ
הן יָקוּמוּ	הן יָבוֹאוּ	הן יָשִׁירוּ

תרגיל 8: אתם צריכים לכתוב את המשפטים בזמן עתיד.

1. נחנו כל יום שעתיים לפני ארוחת הערב.

____

2. הם באו לבקר אותנו לפני שהם טסו לדרום אפריקה.

____

3. הן קמות כל בוקר בשש, ורצות עשׂרים דקות.

____

4. התיירים שכבר היו בארץ גרו במלון עד שהקבוצה כולה באה לארץ.

____

5. היא שׂמה את הספרים במשׂרד שלה.

____

6. שרתי באופרה של אוסטין לפני שבאתי לניו-יורק.

____

7. בקייץ שטנו מאי לאי בים התיכון לפני שבאנו ארצה.

____

תרגיל 9: אתם צריכים להשלים את הפועל בזמן עתיד.

1. אני __________ כל בוקר חצי שעה (ר.ו.צ) לפני ש__________ לאוניברסיטה. (ב.ו.א)

2. הן __________ את הכסף בבנק אחרי הצהריים. (שׂ.י.מ)

3. מתי אתן __________ לאילת? (ט.ו.ס)

4. מתי הם __________ לכאן? (ב.ו.א)

5. הן __________ לבקר (ב.ו.א) כשהן __________ בתל-אביב. (ג.ו.ר)

6. אני יודעת מתי הלכתָ מהבית, אבל לא יודעת מתי ____________. (ש.ו.ב)

7. אנחנו ____________ בין שתיים לארבע בצהריים. (נ.ו.ח)

8. מה אתם ____________ בקונצרט? (ש.י.ר)

The prefixed consonants א-, ת-, י-, נ- and the suffixes -י and -ו appear in parallel forms of all verb patterns and across verb groups in the future tense:

הם **י**לבש**ו**, הם **י**קנ**ו**, הם **י**שיר**ו**, הם **י**רצ**ו**, אתן **ת**שת**ו**, אתן **ת**קנ**ו**, אתן **ת**שיר**ו**, אתן **ת**רצ**ו**, את **ת**לבישי, את **ת**תכונני, את **ת**כנסי, את **ת**דברי

תרגיל 10: אתם צריכים לכתוב את הגוף לפי הדוגמאות—כל אלה פעלים בעתיד.

דוגמאות: אטייל (אני) ; יטיילו (הם או הן)

נלמד __________

יוכתב __________

נטייל __________

אקנה __________

ישבות __________

נתמתן __________

יחשוב __________

ירוצו ________ או ________

תלביש ________ או ________

נתכונן __________

תרצה ________ או ________

תמשיך ________ או ________

יקשיב __________

תשמעו ________ או ________

תרגיל 11: אלה פעלים בעתיד שאתם מכירים בעבר ובהווה. אתם צריכים לכתוב משפט קצר עם כל פועל לפי הדוגמא.

*דוגמא: **אֲסַפֵּר** אני אספר לך סיפור.*

הוּא יִלְמַד ______________________________

נִתְחַתֵּן ______________________________

תִּגְמְרוּ ______________________________

נַתְחִיל ______________________________

תַּרְגִּישִׁי ______________________________

הִיא תְּדַבֵּר ______________________________

נַעֲבֹד ______________________________

אֶקְנֶה _____

תִּשְׁתִּי _____

נִתְעוֹרֵר _____

הֵן יָבִינוּ _____

נושאים לכתיבה:

תערוכה שאהבתי

צייר או פסל שאני אוהב/ צייר או פסל שאני אוהבת

מוזיאונים בעיר שלנו

דברים שקרו בחיים שלי בשנה שעברה

דברים שרציתי לעשות כמה פעמים ולא עשיתי

השנה שעברה היתה מאוד קשה בשבילי...

פעילות יוצרת:

הסטודנטים עובדים בקבוצות של שלושה או ארבעה. על דף נייר, הסטודנט הראשון מצייר ראש וצוואר, מקפל, ונותן לסטודנט השני. הסטודנט השני מצייר גוף וידיים, מקפל, ונותן לסטודנט השלישי. הסטודנט השלישי (או הרביעי) משלים את התמונה.

איך קוראים למשחק הזה באנגלית? מה אתם יודעים על המשחק?

יחידה ג

gimel 1 מילים חדשות

אִמּוּן (ז., אימון)	practice (noun)
אִצְטַדְיוֹן (ז.)	stadium
אֵצֶל	at (someone's place)
בִּלְעֲדֵי	without
הִפְסִיד (לְהַפְסִיד)	lose (a game, money, opportunity)
כַּדּוּר (ז.)	ball (sports), pill (medication)
כַּדּוּרֶגֶל (ז.)	soccer
כַּדּוּרְסַל (ז.)	basketball
לְאֻמִּי (לאומי)	national
לִיגָה (נ.)	league, association (sports)
מְאַמֵּן (ז.)	trainer, coach
מָסַר (למסור)	transmit, transfer, pass on, deliver
מִשְׂחָק (ז.)	game, acting
נִבְחֶרֶת (נ.)	team (sports)
נִגְמַר (לְהִגָּמֵר, להיגמר)	be finished, over with
נִכְנַס (לְהִכָּנֵס, להיכנס)	enter, come in
נִמְצָא (לְהִמָּצֵא, להימצא)	be found, be located
נִפְגַּשׁ עם... (לְהִפָּגֵשׁ, להיפגש)	meet with
נָפַל (לִפּוֹל, ליפול)	fall (verb)
נִפְצַע (לְהִפָּצַע, להיפצע)	be injured
נִצַּח, נִצֵּחַ (ניצח, לְנַצֵּחַ)	win, prevail

מהי אולימפיאדה?

מה קרה באולימפיאדת ברלין ב-1936?

מה קרה באולימפיאדה במינכן ב-1972?

נבחרת הנשים של ארצות הברית זכתה ב-2015 באליפות העולם בכדורגל. נגד מי היא שיחקה? איפה היה המשחק?

עַל-יְדֵי	by (as in done by creator, by actor)
קְבוּצָה (נ.)	team, group (noun)
שׁוֹפֵט (ז.)	judge (noun), referee
שִׂחֵק (שיחק, לשחק)	play, act (verb)
שַׂחְקָן (ז., נ. שחקנית)	player, actor
שָׁרַק (לשרוק)	whistle (verb)

g1

אנחנו נמצאים באיצטדיון הכדורסל ביד אליהו. השבוע נפתחו משׂחקי הליגה הלאומית והמשׂחק היום הוא בין נבחרת הפועל גליל עֶליון ונבחרת מכבי ראשון לציון. מאמן הקבוצה הראשונית, אהוד בר-שיר, חושב ששׂחקני הנבחרת שׂיחקו היטב בעונה שעברה ויכולים לנצח את הקבוצה הגלילית. נפגשנו בשבוע שעבר עם מאמן הפועל גליל עֶליון, משה אורון, והוא הזכיר לנו שהקבוצה הפסידה רק במשׂחק אחד בעונה שעברה שנגמרה עם מכבי תל-אביב בראש.

השחקנים נכנסים למגרש בריצה. הנבחרת הראשונית משׂחקת בלי גיא מסיקה, שנפצע באימון לפני שבוע. האם הם יכולים לנצח בלעדיו? קשה לדעת! הוא שחקן מרכזי והנבחרת תתקשה לשחק בלעדיו.

השופט במשׂחק השבוע הוא אמיר חזן. הוא שורק לפתיחה והמשׂחק נפתח כשהכדור אצל הפועל גליל עליון. ארז ציפורי מוסר את הכדור לאלון נחמיאס. מסירה ארוכה, נחמיאס מכדרר, מוסר בחזרה לציפורי. ציפורי לשֶׁלֶף ו...סל!!! איזה יופי!!!

תרגיל 1: אתם צריכים לסמן נכון (✓), לא נכון (✗), אי אפשר לדעת (?).

משחקי הליגה הלאומית נפתחו לפני חודש. ✓ ✗ ?

מכבי תל-אביב ניצחה במשחק הגמר בעונה שעברה. ✓ ✗ ?

גיא מסיקה לא ישתתף העונה במשחקים. ✓ ✗ ?

הסל הוא של ציפורי. ✓ ✗ ?

אתם צריכים למצוא מידע על איצטדיון טדי בירושליים. על שם מי נקרא האיצטדיון? מתי הקימו אותו? כמה מקומות ישיבה יש בו?

שאלות הבנה:

אילו קבוצות משחקות השבוע?

מי המאמנים של שתי הקבוצות? מי השופט במשחק?

שׂחקנים של איזו קבוצה מוסרים את הכדור ראשונים?

למה גיא מסיקה לא במגרש?

שאלות הרחבה:

כמה שׂחקנים יש בנבחרת כדורגל? כמה בנבחרת כדורסל?

איזו קבוצה ניצחה במשׂחק הגביע העולמי בכדורגל (״מונדיאל״) ב-1998? ב-2014? כל כמה שנים יש מונדיאל?

מה זה פיפ״א? מה קרה בפיפ״א ב-2015?

אילו עוד משׂחקי כדור בקבוצה אתם מכירים?

למה יש לקבוצות בישראל שמות כמו ״מכבי״ ו״הפועל״?

מה זה ה״מכבייה״?

טריוויה: משפט מאוד ידוע מסרט שנַעֲשָׂה ב-1989 הוא ״אם תבנה אותו, הוא יבוא.״ איך קוראים לסרט? על מה הוא? מי זה ה״הוא״ ב״הוא יבוא״?

איזו חייה היא שַׂרְקָן? למה קוראים לה בשם הזה?

משהו על מילים:

בכדורגל אנחנו **בּוֹעֲטִים** בכדור ברגל או **נוֹגְחִים** אותו בראש. השוער יכול **לַהֲדוֹף** את הכדור בידיים.

בכדורסל אנחנו **מְכַדְרְרִים, מוֹסְרִים** את הכדור ואז **זוֹרְקִים** אותו לסל.

בכדור בסיס אנחנו **חוֹבְטִים** בכדור במַחְבֵּט ואז **רצים** מבסיס לבסיס.

גם בטניס ובפינג-פונג אנחנו **חוֹבְטִים** בכדור.

ובפוטבול, שחקנים לפעמים **חוֹבְטִים** או **נוֹגְחִים** זה בזה!

מחבט

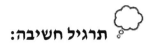

תרגיל חשיבה:

האם אתם מבינים מהקונטקסט את הפעלים במשפטים למעלה? אתם צריכים לנסות להראות לכיתה (בפנטומימה) מה זה לחבוט, מה זה לבעוט, למסור, לזרוק, לנגוח, להדוף.

§3.1 The Nif'al pattern

The Nif'al verb pattern often serves as the passive counterpart of the Pa'al pattern in pairs like *He wrote the letter/ The letter was written* (הוא כתב את המכתב/המכתב נכתב). The person who produces these sentences speaks about the same event or action, but takes the perspective of the actor when using the Pa'al and the perspective of the action or of the item upon which the action is carried when using the Nif'al.

פעל: הם מסרו את הכדור מיד ליד. נפעל: הכדור נמסר מיד ליד.

Some Nif'al forms do not have parallel Pa'al forms, and not all of them impart passivity (e.g., *he entered/came in* הוא נכנס). At times the Nif'al has a reciprocal meaning, that is, it represents an action that two or more actors carry upon each other, as in *They met [each other] at the game.*

דויד פגש את משה ומשה פגש את דויד במשחק. דויד ומשה נפגשו במשחק.

Overall, the intrinsic meanings of the pattern are difficult to pinpoint, and studying the meanings of individual verbs may be a better strategy.

The preposition *by* used with Nif'al and other verbs in passive patterns is עַל-יְדֵי:

פעל: העובדים סגרו את הבנק. נפעל: הבנק נסגר על-ידי העובדים.

פעל: סטיבן קינג כתב את הספר "קארי." נפעל: הספר "קארי" נכתב על-ידי סטיבן קינג.

חיים פוטוק כתב את הספר "הדָגוּל" או "הנבחר," שהיה גם סרט (1981).
הגיבורים שלו הם דני סנדרס וראובן מלטר. מה הסיפור?

gimel 2 מילים חדשות

נִבְחַר (לְהִבָּחֵר, להיבחר)	(be) elected, (be) chosen
נִסְגַּר (לְהִסָּגֵר, להיסגר)	(be) closed, close (intransitive)
נֶעֱלַם (לְהֵעָלֵם, להיעלם)	disappear

◂נִפְטַר (לְהִפָּטֵר, להיפטר)	die, pass away/dispose (of)
◂נִפְתַּח (לְהִפָּתַח, להיפתח)	(be) opened, open (intransitive)
◂נִשְׁאַר (לְהִשָּׁאֵר, להישאר)	remain, stay

הווה:

נִסְגָּר	נִפְצָע	נֶעֱלַם
נִסְגֶּרֶת	נִפְצַעַת	נֶעֱלֶמֶת
נִסְגָּרִים	נִפְצָעִים	נֶעֱלָמִים
נִסְגָּרוֹת	נִפְצָעוֹת	נֶעֱלָמוֹת

מה אתם יודעים על הצוללת "דקר"? מתי היא נעלמה? מתי היא נמצאה?

עבר:

נִסְגַּרְתִּי	נִפְצַעְתִּי	נֶעֱלַמְתִּי
נִסְגַּרְתָּ	נִפְצַעְתָּ	נֶעֱלַמְתָּ
נִסְגַּרְתְּ	נִפְצַעְתְּ/נִפְצַעַ	נֶעֱלַמְתְּ
הוא נִסְגַּר	הוא נִפְצַע	הוא נֶעֱלַם
היא נִסְגְּרָה	היא נִפְצְעָה	היא נֶעֶלְמָה
נִסְגַּרְנוּ	נִפְצַעְנוּ	נֶעֱלַמְנוּ
נִסְגַּרְתֶּם	נִפְצַעְתֶּם	נֶעֱלַמְתֶּם
נִסְגַּרְתֶּן	נִפְצַעְתֶּן	נֶעֱלַמְתֶּן
הם נִסְגְּרוּ	הם נִפְצְעוּ	הם נֶעֶלְמוּ
הן נִסְגְּרוּ	הן נִפְצְעוּ	הן נֶעֶלְמוּ

מה אתם יודעים על הדולפינריום בתל-אביב? מתי הוא נפתח? מתי הוא נסגר? למי הוא נמכר ב-2015?

חידה/בדיחה ישנה: צבוטותי וקוטותי הלכו לים. צבוטותי טבע. מי נשאר?

מה מצחיק בחידה?

שם פועל:

לְהִסָּגֵר	לְהִפָּצַע	לְהֵעָלֵם

Note the last vowel of לְהִפָּצַע, precipitated by the ע. Similarly, a verb ending in ח will have /a/ as the last vowel: לְהִשָּׁלַח *to be sent.*

The infinitive has the first consonant of the root doubled, because of the assimilation of the נ of the Nif'al (לְהִגָּמֵר=~~להנגמר~~)—see p. 14 above משהו על האות נון. This doubling, which also happens in the future tense (אֶגָּמֵר, תִּגָּמֵר), is not discernible in the pronunciation. In the infinitive, when the first consonant of the root is one that does not lend itself to doubling or longer pronunciation (א ה ח ע ר), the vowel with the *heh* of the pattern would be /e/, as in לְהֵעלם above: לְהֵאָמֵר, לְהֵרָאוֹת, לְהֵחָשֵׁב. The same happens in the future tense: יֵאָמֵר, יֵחָשֵׁב.

תרגיל 2: אתם צריכים להשלים את הפועל בנפעל בזמן הנכון.

1. עד מתי אתן ________________ כאן אתמול? (להישאר)
2. הסטודנטיות ________________ לחדר זו אחר זו ודיברו עם המורה. (להיכנס)
3. החנות ______________ כל יום בשבע בבוקר ו______________ בשבע בערב, וכך אנשים יכולים לקנות לפני או אחרי העבודה. (להיפתח, להיסגר)
4. אולי אתה יכול להגיד לי איפה ________________ הבייית של משה אלון? (להימצא)
5. כשהשחקנים ________________ למגרש האנשים באיצטדיון מתרגשים. (להיכנס)
6. הוא תמיד נופל ו________________ כשהוא משחק כדורגל. אז לפעמים הוא צריך לקחת כדורים נגד כאבים. (להיפצע)
7. אולי אתה יודע מתי המשחק צריך ________________ ? (להיגמר)
8. מאוד שמחנו כשאתן ________________ אלינו כשבאתן לתל-אביב. (להיכנס)
9. אנחנו לא מצליחים למצוא את הכדור. הוא ________________ ! (להיעלם)
10. רצינו להתראות אתמול, אבל לא ________________ . אני לא יודעת איפה הם היו. (להיפגש)
11. אולי אתן יודעות מתי הבנק ________________ מחר? (להיפתח) אין לנו זמן ללכת לבנק היום.
12. מתי המשחק ________________ הערב? (להיגמר)
13. אתם צריכים להגיד לו שאם הוא לא ________________ (להיזהר) הוא ______________ (להיפצע).

תרגיל 3: אתם צריכים לענות על השאלות.

1. מתי נפתחו החנויות בעיר שלנו השנה (או בשנה שעברה) ב"יום שישי השחור" ומתי הן נסגרו?

____

2. איפה נמצאת השמש בבוקר, ואיפה היא נמצאת בערב?

____

3. באיזו שעה נכנסת לכיתה הראשונה שלך הבוקר?

____

4. למה ילדים קטנים לא צריכים להישאר לבד?

____

5. באיזו שנה התחילה מלחמת העולם השנייה (באירופה), ובאיזו שנה היא נגמרה?

____

6. עם מי נפגשת אתמול, ואיפה?

____

☺☺ **תרגיל בשׂיחה:**

סטודנטים מספרים על ספורט קבוצתי שהם אוהבים.

שני סטודנטים "עובדים" בטלוויזיה ומספרים על משחק כדורגל, כדורסל, או כדור בסיס שהם רואים ("אני רואה את ג'יימס ג'ויס נכנס למגרש ורץ אחרי הכדור...").

סטודנטים מספרים על משהו שקרה כשהם נשארו לבד בבית.

סטודנטים מדברים על מה טוב ולא טוב בכדורים נגד כאבים.

תרגיל 4: אלה פעלים בנפעל. אתם צריכים לכתוב משפט קצר בזמן עבר או הווה עם כל אחד.

דוגמא: נכתב. משפט: העבודה נכתבה בשלושה ימים.

נאכל ______________________________

נאמר ______________________________

נלבש ______________________________

נלמד ______________________________

נמכר ______________________________

ננעל ______________________________

נַעֲשָׂה ______________________________

נקנה ______________________________

נקרא ______________________________

נבנה ______________________________

נשאל ______________________________

§3.2 Gerunds

Active verb patterns have a parallel noun pattern that "names" the action, much like English gerunds ("ing" forms), as in *Driving is fun, Wading is not permitted here,* etc. Understanding this relationship between nouns and verbs allows learners to increase their vocabulary with little effort, as they can deduce parallels and identify or produce words that have been previously unknown to them.

שמות פעולה:

פָּעַל-- **פְּעִילָה** (כתיבה, קריאה, ריצה, שירה)

פִּעֵל-- **פִּעוּל (פיעול)** (בישול, דיבור, ניסוי)

הִתְפַּעֵל-- **הִתְפַּעלוּת** (התכתבות, התנדבות, התרגשות, התעוררות)

הִפְעִיל-- **הַפְעָלָה** (הרגשה, התחלה, הבנה, הכרה)

יש **מכירה** גדולה של מכנסיים בחנות שלנו-- אנחנו **מוכרים** מכנסיים בזול!

במשחק כדורגל **בועטים** בכדור במגרש. השחקנים **מוסרים** כדור **בבעיטה**-- אסור **למסור** אותו ביד (אבל בכדורסל **מסירה** ביד **וכידרור** מותרים).

היא אוהבת **לרוץ** בבוקר-- **ריצה** היא דרך טובה להתחיל את היום.

מה אתם רוצים **לשתות**? **שתייה** חשובה מאוד כשמזג האוויר חם.

הוא **מדבר** הרבה, אבל אלה רק **דיבורים**-- אני לא רואה שהוא עושה משהו.

כבר שנים רבות **מנסים** למצוא איך לגדל ירקות במקומות בלי מיים. בנגב נעשים הרבה **ניסויים** כאלה.

אתה לא צריך ***להתרגש***-- **התרגשות** לא טובה לבריאות שלך.

מתי כבר **תחליט** מה לעשות? אתה צריך לקבל **החלטה** עוד היום!

קשה מאוד לגדל כּוּתְנָה בישראל. צריך **להשקות** הרבה, וכיוון שאין הרבה מיים ה**השקייה** עולה הרבה כסף. (להשקות: לתת מיים)

אני לא יודעת למה הבחינה שלך לא היתה טובה הפעם. לא **הבנת** מה לעשות? בדרך כלל ה**הבנה** שלך טובה מאוד!

English allows interchangeable use of gerunds and infinitives in sentences like *I like eating in the morning* or *I like to eat in the morning*. In Hebrew only the infinitives are allowed in these situations:

אני אוהבת לאכול בבוקר (ולא: אני אוהבת אכילה בבוקר)

תרגיל 5: מה שם הפעולה המקביל לפעלים הבאים:

דוגמא: בעט-בעיטה

פָּצַע ____________________

הִתְכַּתֵּב ____________________

סִדֵּר ____________________

הִלְבִּיש ____________________

מָצָא ____________________

סִפֵּר ____________________

הִתְנַדֵּב ____________________

קָנָה ____________________

קָם ____________________

שָׁרַק ____________________

הִתְנָסָה ____________________

הִסְתַּכֵּל ____________________

Gerunds
שמות פעולה

מה הם "חדר מִיוּן" ו"חדר התאוששות"? מה קורה בחדרים האלה?

טָס ______________________

נָפַל ______________________

הִתְעוֹרֵר ______________________

הֵכִין ______________________

מה קרה במחנות ההשמדה באירופה בזמן מלחמת העולם השנייה?

תרגיל 6: מה הפועל המקביל לשמות הפעולה הבאים:

דוגמא: סליחה- סלח

בישול: ______________________

התמכרות: ______________________ (addiction)

תפירה: ______________________ (sewing)

התאבדות: ______________________ (suicide)

טיפול: ______________________ (treatment)

נטיעה: ______________________ (planting)

התפוצצות: ______________________ (explosion)

שינוי: ______________________ (change, changing)

התבוננות: ______________________ (observation, observing)

הפנייה: ______________________(referring, referral)

הכרה: ______________________(consciousness)

כיוון: ______________________ (direction, directing)

בילבול: ______________________(confusion)

שיבה: ______________________(return, returning)

לאה גולדברג כתבה את השיר "הסתכלות בדבורה." על מה השיר?

מהי "הסתדרות העובדים" או "ההסתדרות"?

מה היו השילומים מגרמניה?

מה זה "שיבוט"?

מה זה "דיבוק"? מי כתב את המחזה "הדיבוק"? מהו הסיפור של לאה וחנן במחזה?

תרגיל חשיבה: על כמה מילים מהמסורת היהודית

מאיפה באה המילה "סליחה"? למה אנחנו אומרים בראש השנה "כתיבה וחתימה טובה"? למה קוראים לספר התפילות "סידור"? למה קוראים ליום כיפור "יום כיפור", ולתפילה האחרונה "תפילת נעילה"? מהי "הבדלה" ומאיפה באה המילה? מהי תפילת "עמידה"?

§3.3 Prepositions—summary and review

Inflections marked by suffixes are typical of Hebrew prepositions and the direct object marker את. Prepositions generally fall into one of two categories in terms of their inflection patterns: Some have a *yod* preceding the suffix, and others do not.

קבוצה ראשונה, בלי יוד:

לִי	שֶׁלִּי	בִּשְׁבִילִי	אוֹתִי	אִתִּי	אֶצְלִי
לְךָ	שֶׁלְּךָ	בִּשְׁבִילְךָ	אוֹתְךָ	אִתְּךָ	אֶצְלְךָ
לָךְ	שֶׁלָּךְ	בִּשְׁבִילֵךְ	אוֹתָךְ	אִתָּךְ	אֶצְלֵךְ
לוֹ	שֶׁלּוֹ	בִּשְׁבִילוֹ	אוֹתוֹ	אִתּוֹ	אֶצְלוֹ
לָהּ	שֶׁלָּהּ	בִּשְׁבִילָהּ	אוֹתָהּ	אִתָּהּ	אֶצְלָהּ
לָנוּ	שֶׁלָּנוּ	בִּשְׁבִילֵנוּ	אוֹתָנוּ	אִתָּנוּ	אֶצְלֵנוּ
לָכֶם	שֶׁלָּכֶם	בִּשְׁבִילְכֶם	אוֹתְכֶם*	אִתְּכֶם	אֶצְלְכֶם
לָכֶן	שֶׁלָּכֶן	בִּשְׁבִילְכֶן	אוֹתְכֶן*	אִתְּכֶן	אֶצְלְכֶן
לָהֶם	שֶׁלָּהֶם	בִּשְׁבִילָם	אוֹתָם	אִתָּם	אֶצְלָם
לָהֶן	שֶׁלָּהֶן	בִּשְׁבִילָן	אוֹתָן	אִתָּן	אֶצְלָן

Prepositions
מילות יחס

״ב״ כמו ״ל״, עם וואריאציה בהם/בם, בהן/בן. ״עם״ כמו ״ל״, עם וואריאציה עמהם/עמם, עמהן/עמן.

*בעברית פורמאלית: אֶתכם, אֶתכן.

קבוצה שנייה, עם יוד:

עָלַי	אֵלַי	אַחֲרַי	לְפָנַי	בִּלְעָדַי
עָלֶיךָ	אֵלֶיךָ	אַחֲרֶיךָ	לְפָנֶיךָ	בִּלְעָדֶיךָ
עָלַיִךְ	אֵלַיִךְ	אַחֲרַיִךְ	לְפָנַיִךְ	בִּלְעָדַיִךְ
עָלָיו	אֵלָיו	אַחֲרָיו	לְפָנָיו	בִּלְעָדָיו
עָלֶיהָ	אֵלֶיהָ	אַחֲרֶיהָ	לְפָנֶיהָ	בִּלְעָדֶיהָ
עָלֵינוּ	אֵלֵינוּ	אַחֲרֵינוּ	לְפָנֵינוּ	בִּלְעָדֵינוּ
עֲלֵיכֶם	אֲלֵיכֶם*	אַחֲרֵיכֶם	לִפְנֵיכֶם	בִּלְעֲדֵיכֶם
עֲלֵיכֶן	אֲלֵיכֶן*	אַחֲרֵיכֶן	לִפְנֵיכֶן	בִּלְעֲדֵיכֶן
עֲלֵיהֶם	אֲלֵיהֶם*	אַחֲרֵיהֶם	לִפְנֵיהֶם	בִּלְעֲדֵיהֶם
עֲלֵיהֶן	אֲלֵיהֶן*	אַחֲרֵיהֶן	לִפְנֵיהֶן	בִּלְעֲדֵיהֶן

מי היה הסופר
שלום עליכם?
מה אתם יודעים
עליו?

אתם צריכים
למצוא את השיר
"שים שלום טובה
וברכה" ולהביא
אותו לכיתה.
מאיפה הוא בא?

*בעברית פורמאלית: אֲליכם, אֲליכן, אֲליהם, אֲליהן

בעברית מדוברת לפעמים אומרים לְפָנֵיכם, לְפָנֵיכן.

״על-ידי״ כמו ״עלי״ (על-ידיך, על-ידינו).

All the prepositions in the second group have a יוד in the inflection before the suffix. In fact, על and אל both have a poetic form that even in the independent form has a יוד, like לפני, אחרי, and בלעדי: אֱלֵי, עֲלֵי.

Of the two "without" words, בלי and בלעדי, only בלעדי can be used with suffixes.

היא הלכה למשחק **בלי החברות שלה**. היא הלכה למשחק **בלעדיהן**. (**ולא** בליהן)

Deciding what preposition to use with a verb is one of the more difficult tasks that non-native speakers face, as verb-preposition combinations vary greatly across languages. One way of tackling the issue is learning new verbs with the prepositions they commonly take (see examples on p. 55). In the long run, however, it might be better to identify semantic fields with which particular prepositions are associated. For example, ב- is used for *in* or *at*, but is also often associated with tools, instruments, and appliances (כתב בעט, ראה סרט בטלוויזיה, ניגן בגיטרה). אל is often associated with motion, and so on. Such a strategy is appropriate for more advanced learners who have a large vocabulary and are capable of making generalizations. In reality, errors in this area are unavoidable and will diminish only with long exposure and ample practice.

תרגיל 7: אתם צריכים לכתוב את מילת היחס בעברית.

1. אני הולך לסרט היום-- אתה רוצה לבוא ____________? (with me)
2. אצל מי המסיבה? דוויד אמר שהיא ____________. (at his place)
3. למה היא לא פה? אנחנו לא יכולים להתחיל ____________! (without her)
4. בשביל מי הספר הזה? אני חושבת שהוא ____________. (for us)
5. אני לא חושבת שאנחנו נבוא ____________ היום. אין לנו זמן! (to you m.pl.)
6. אני לא יכולה לראות כי איש מאוד גבוה יושב ____________. (before/in front of me)

7. איפה הכדור? אני לא רואה ____________!(it m.)

8. אם אתן רוצות, אנחנו יכולות לבוא ____________לאימון.(with you f.pl.)

9. אני נולדתי ב-1951 והיא נולדה חמש שנים ____________. (after me).

10. נפצעתי כשהטלוויזיה נפלה ____________. (on me).

תרגיל בשׂיחה: ☺☺

הסטודנטים צריכים להמציא משפטים עם פועל ומילת יחס, ולשאול זה את זה שאלות על המשפטים. דוגמאות:

חשב על (דוגמא: חשבתי עליך כל היום! על מי חשבת?) (וגם חשב לפני/אחרי שהוא דיבר)

עלה על (דוגמא: הוא לקח את הכיסא ועלה עליו. על מה הוא עלה?) (וגם עלה במדרגות, עלה ארצה עם ההורים)

דיבר על (דוגמא: אנחנו מדברות עליך! על מי אתן מדברות?) (וגם דיבר בטלפון, דיבר עם חברים)

הלך עם (דוגמא: הוא לא רצה ללכת איתי לסרט. עם מי הוא לא רצה ללכת לסרט?)

דיבר עם (דוגמא: לא דיברנו איתכן. למה לא דיברתן איתנו?)

נפגש עם (דוגמא: נפגשנו איתם בשעה שלוש ליד המסעדה. איפה נפגשתם איתם?)

נמצא ב... (דוגמא: ברזיל נמצאת בדרום אמריקה. איפה נמצאת ברזיל?)

גר ב... (דוגמא: גרנו בתל אביב שלוש שנים. כמה זמן גרתן בתל אביב?)

עבד ב... (דוגמא: זאת מסעדה טובה. עבדתי בה לפני שנה. מתי עבדת במסעדה ולמה?)

נכנס אל (דוגמא: אתה יכול להיכנס אל החדר בשקט? איך אני יכול להיכנס לחדר/אל החדר?)

רץ אל (דוגמא: הילד ראה את אמא שלו ורץ אליה. אל מי הילד רץ?)

דיבר אל (דוגמא: דיברתי אליהם אבל הם לא שמעו לי. אל מי דיברת ומה הם עשו?)

קנה אצל (דוגמא: קניתי את השמלה אצלה. אצל מי קנית את השמלה?)

גר אצל (דוגמא: הוא גר אצל החברים שלו שלושה חודשים. כמה זמן הוא גר אצלם?)

ישב אצל (דוגמא: ישבתי אצלה כל היום כשהיא היתה חולה. מי ישב אצלה כשהיא היתה חולה?)

הלך בלי/בלעדי (דוגמא: הלכנו לסרט בלעדיכם. למה הלכתם לסרט בלעדינו?)

גמר בלי/בלעדי (דוגמא: אני יכולה לגמור את העבודה בלעדיך. את יכולה לגמור את העבודה בלעדי?)

למד בלי/בלעדי (דוגמא: איפה הספר? אני לא יכולה ללמוד בלעדיו! למה את לא יכולה ללמוד בלי הספר?)

קנה בשביל (דוגמא: קניתי אוכל בשבילכן. בשביל מי קנית אוכל?)

נתן בשביל (דוגמא: הן נתנו כסף בשביל בית החולים החדש. בשביל מה הן נתנו כסף?)

עבד בשביל (דוגמא: בחופש עבדתי בשביל ההורים שלי. בשביל מי עבדת בחופש?)

ישב לפני (דוגמא: דוויד ישב לפני בכיתה. מי ישב לפניך בכיתה?)

גמר לפני (דוגמא: גמרנו את העבודה לפניכם! מי גמר את העבודה לפנינו?)

בא לפני (דוגמא: הן באו לאוניברסיטה לפנינו. לפני מי הן באו לאוניברסיטה?)

הלך אחרי (דוגמא: האישה הלכה ברחוב והכלב הלך אחריה. מי הלך אחרי האישה?)

נסגר אחרי (דוגמא: הבנק נסגר והחנויות נסגרו אחריו. מתי נסגרו החנויות?)

נכנס אחרי (דוגמא: נכנסנו לכיתה והן נכנסו אחרינו. אחרי מי הן נכנסו לכיתה?)

The preposition אל is used in the sense of *toward* with verbs of motion like רץ, בא, הלך נסע, עלה, ירד.

With many verbs, including verbs of motion, ל and אל can be used interchangeably:

השיר של לאה גולדברג "סליחות" נפתח במילים "באתָ אלי את עיני לפקוח." על מה השיר?

הוא **נכנס לחנות**./ הוא **נכנס אל ה**חנות.

היא **באה ל**בית שלנו./ היא **באה אל ה**בית שלנו.

הם נסעו להורים שלהם./הם **נסעו אל ה**הורים שלהם.

הן **רצו ל**ספרייה./הן **רצו אל ה**ספרייה.

עלינו לדירה שלהם./**עלינו אל ה**דירה שלהם.

ירדנו לחנות לקנות לחם./**ירדנו אל** החנות לקנות לחם.

Following such verbs, however, only אל can be used in the inflected forms (with pronominal suffixes):

מתי הוא **נכנס לחנות**? הוא נכנס <u>אליה</u> בחמש (לא: הוא נכנס לה בחמש).

מתי היא **באה ל**בית שלנו? היא באה אלינו בשלוש (לא: היא באה לנו בשלוש).

מתי הם נסעו להורים שלהם? הם נסעו אליהם לפני שנה (לא: הם נסעו להם).

איך הן **רצו ל**ספרייה? הן רצו אליה מהר (לא: הן רצו לה מהר).

למה **עליתם ל**דירה שלהם? עלינו אליה בשביל לראות אותם (לא: עלינו לה).

היא קראה לנו מהרחוב, ואנחנו **ירדנו אליה** מהר (לא: ירדנו לה).

תרגיל 8: אתם צריכים לענות על השאלות לפי הדוגמא.

דוגמא: למה הוא נסע לחנות ולא הלך? הוא נסע אליה כי ירד גשם חזק.

1. מתי היא באה לחנות שלכם? ____________________
2. למה הוא עלה לדירה שלך? ____________________
3. מתי הן נכנסו לחדר? ____________________
4. למה לא באתם למשחק? ____________________
5. מתי הם רצו לאיצטדיון החדש? ____________________

(Native speakers are more likely to use לשם instead of אליה, אליו, etc. in sentences like the ones above.)

משהו על מילים:

"בא לי" זה כמו "יש לי חשק." "לא בא לי" זה כמו "אין לי חשק, אני לא רוצה."

לא בא לי לעבוד היום. אני רוצה ללכת לים!

"נפל לו האסימון"-- הוא סוף סוף הבין משהו. פעם השתמשו באסימונים בטלפונים הציבוריים. השיחה התחילה כשנפל האסימון. זה כמו A lightbulb went off באנגלית.

רק אחרי שהיא עזבה נפל לו האסימון, אבל כבר היה מאוחר—הוא הבין שהיא לא חוזרת.

"נכנס במישהו או במשהו" זה כמו חבט במישהו או משהו חזק.

הוא נכנס במכונית שלי כי הוא לא עצר באדום (הוא היה שיכור—שתה הרבה יין!). עכשיו אני בבית חולים, המכונית בגרז', והוא יושב בבית סוהר.

§3.4 The demonstrative

Demonstratives (*this, that, these, those*) can serve as subjects of sentences, or as noun modifiers, as the two following groups of sentences illustrate:

(קבוצה א)

זה אצטדיון גדול מאוד. נכנסים בו 57,000 אנשים.

אלה ציורים של ראובן רובין.

זאת תמונה של פיקאסו.

אלה הרצאות מעניינות מאוד!

זאת מסגרת יותר יפה מהתמונה שבתוכה!

זאת נבחרת טובה מאוד-- היא כמעט תמיד מנצחת.

סיפור ידוע בתנ"ך מתחיל במילים "ויהי אחר הדברים האלה..." מהו הסיפור?

איפה אנחנו אומרים "וְהָיוּ הַדְּבָרִים הָאֵלֶּה אֲשֶׁר אָנֹכִי מְצַוְּךָ הַיּוֹם עַל לְבָבֶךָ"?

(קבוצה ב)

האצטדיון הזה גדול מאוד. נכנסים בו 57,000 אנשים.

הציורים האלה של ראובן רובין.

התמונה הזאת של פיקאסו.

ההרצאות האלה מעניינות מאוד!

המסגרת הזאת יותר יפה מהתמונה שבתוכה!

הנבחרת הזאת טובה מאוד-- היא כמעט תמיד מנצחת.

In the first group, the demonstrative is the subject of the sentence, and in the second group the demonstrative combines in a phrase with the subject, and functions like an adjective. The demonstrative opens the sentence when it serves as a subject. It follows the subject, and agrees with it in gender, number, and definiteness when they combine in a phrase.

זאת נבחרת טובה. (הפועל תל-אביב נבחרת טובה.)

זה המאמן שלנו. (מיכאל המאמן שלנו.)

השחקנים האלה לא יודעים לשחק. (השחקנים הצעירים לא יודעים לשחק.)

ראינו את הסרט הזה שלוש פעמים. (ראינו את הסרט החדש שלוש פעמים.)

הבייית הזה סגור כבר שבועיים. (הבייית הישן סגור כבר שבועיים.)

Demonstratives
הכינוי הרומז

The demonstrative pronouns ההוא/ההיא and ההם/ההן are used for *that* (m/f) and *those* (m./f.) when a more distanced perspective is present in the discourse.

החנות הזאת מעניינת, אבל החנות ההיא מאוד מעניינת. אנחנו יכולים ללכת אליה?

אני רציתי לקנות את הבית הזה, אבל הוא רצה לקנות את הבית ההוא. בסוף לא קנינו בית.

Study some examples:

מי אמר לך לבוא ולדבר איתנו-- האיש הזה או האיש ההוא? האיש ההוא, זה שעומד שם על יד החנות, אמר לי לבוא לדבר איתכם.

האישה הזאת לא שתתה אפילו כוסית אחת, אבל האישה ההיא ישבה בבאר כל הערב ושתתה.

(כוסית: כוס קטנה)

התמונות האלה לא נמכרו, אבל אהבתי אותן מאוד. התמונות ההן נמכרו בכסף רב, אבל הן לא היו מיוחדות.

מסגרות לתמונות עולות הרבה כסף. למשל, המסגרת הקטנה הזאת עולה תשעים שקלים, כי היא מפלסטיק, והמסגרת ההיא עולה ארבע מאות וחמישים שקלים, כי היא מעץ. אני באמת לא מבינה למה הן כל כך יקרות!

זה המשׂחק הראשון העונה שבו אנחנו מפסידים. אני רוצה לחשוב שזה גם המשׂחק האחרון! בדרך כלל אנחנו מנצחים! לא נעים להפסיד.

אלה קבוצות כדורעף טובות—המאמנות הכינו אותן היטב למשחקים העונה!

אנשים אוהבים להיכנס לחנויות האלה, אבל הם לא קונים הרבה כי הכל מאוד יקר.

תרגיל 9: אתם צריכים לכתוב שני משפטים עם כל זוג מילים לפי הדוגמא.

דוגמא: אלה/אנשים: אלה אנשים מעניינים מאוד. האנשים האלה מעניינים מאוד.

1. זאת/מאמנת ______________________________

2. זה/שופט ______________________________

3. אלה/כדורים ____

4. זאת/קבוצה ____

§3.5 Direct and indirect speech

In direct speech דִּיבּוּר יָשִׁיר, words are related exactly the way they are said, and the written sentence includes intonation indicators like question marks, exclamation marks, and the like. In indirect speech דִּיבּוּר עָקִיף, a discourse is reported as if by an observer. Switching between direct and indirect speech in Hebrew is straightforward, as the only change required is that of person. In English, in comparison, a change of tense is often required as well:

(direct) Dina asked: "Who wants to come with me?"

(indirect) Dina asked who wanted to come with her.

(direct) The principal told me: "You need to come to my office."

(indirect) The principal told me that I needed to come to his office.

דינה שאלה: "מי רוצה לבוא איתי?" (דיבור ישיר)

דינה שאלה מי רוצה לבוא איתה. (דיבור עקיף)

המנהל אמר לי: "אתה צריך לבוא למשרד שלי."

המנהל אמר לי שאני צריך לבוא למשרד שלו. (דיבור עקיף)

Word order also remains the same in Hebrew direct and indirect speech, unlike in English:

(direct) David asked: "Is there a football practice today?"

(indirect) David asked if there was football practice today/that day.

דוויד שאל: "יש אימון כדורגל היום?"

דוויד שאל אם יש אימון כדורגל היום.

Switching between direct and indirect speech is not a natural language mechanism. For Hebrew language learners, however, it provides a practice tool that draws attention to sentence structure and issues of agreement.

61

תרגיל 10: אתם צריכים לכתוב את המשפטים מחדש ולהשתמש בדיבור עקיף.

1. השופט אמר לשחקן: "אתה צריך לעזוב את המגרש."

_____

2. מיכאל אמר: "אני לא יכול לשחק היום כי כואב לי הראש."

_____

3. המורה שאל את חנה: "איפה היית כשנכנסתי לכיתה?"

_____

4. שאלנו את שירה: "מתי נפגשת עם תמר?"

_____

5. האמא אמרה לילד: "אתה לא יכול להישאר לבד בבית."

_____

6. המאמן שאל: "מי רוצה לשחק?"

_____

7. יוסף שאל: "למה את הולכת לאט? נפצעת?"

_____

8. דורית אמרה: "אנחנו יכולות להיפגש איתכן וללכת לסרט היום."

_____

תרגיל 11: אתם צריכים לכתוב את המשפטים מחדש ולהשתמש בדיבור ישיר.

1. שאלנו איפה נמצא הבית של משה.

_____

2. השחקנים אמרו שהם יבואו לאימון בשעה שלוש.

_____

3. הוא שאל אותי אם אני אטוס לישראל הקייץ.

_____

4. דוויד סיפר לנו שאתמול הוא נפגש עם רינה בבית-קפה.

_____

5. אנחנו אמרנו להם שהם לא מבינים מה שקורה פה.

____

6. אני צריכה להגיד לכם שאני לא אוהבת להפסיד במשחקים.

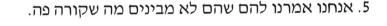

____

תרגיל 12: אתם צריכים לכתוב את המשפטים האלה בעברית.

1. I do not like this color. Can you not find a color that I like?!
2. Those paintings are very expensive!
3. Our team does not like to play in this stadium. It is small for us!
4. This referee is not good. He does not understand the game.
5. May we come in (enter)? We want to ask you a question.
6. Can you give me this shirt and those shoes?
7. Our practice ended early and we went home.
8. I do not like to sing, but I like to whistle.
9. He was elected to the Knesset.
10. We met at the café in the afternoon, and then went to my house to do homework.

נושׂאים לכתיבה:

ספורט בישׂראל

ספורט שקשה בשבילי

נפלתי ונפצעתי!

שחקן או שחקנית כדורסל, כדור בסיס או טניס שאני אוהב/אוהבת

אנשים צריכים לדעת להפסיד בכבוד

דברים שאי אפשר להסתדר בלעדיהם בביית

איך לנצח במשחק כדורסל   צייר גיל זילכה

פעילות יוצרת:

סטודנטים מציירים שלטים עם שמות פעולה (כניסה, יציאה וכו')

בעיר שלנו : סטודנטים מציירים את האיצטדיון בעיר שהכיתה "בונה."

יחידה ד

dalet 1 מילים חדשות

הִסְתַּכֵּל ב.../על (להסתכל ב.../על)	look, watch (verb)
הִשְׁתַּמֵּשׁ ב... (להשתמש ב...)	use (verb)
הִתְרַגֵּל ל... (להתרגל ל...)	get used to
כְּ-...	like (preposition), as
מִלּוֹן (ז., מילון)	dictionary
הֵבִיא (להביא)	bring
חִפֵּשׂ (חיפש, לחפש)	look for, search (verb)
מָצָא (למצוא)	find (verb)
צוּרָה (נ.)	form, shape (noun)

d1

כשלומדים שפה חדשה, כמו עברית, טוב וחשוב לעבוד עם מילון. מילון עוזר לנו להבין מילים חדשות שאנחנו לא מכירים ולדעת איך להשתמש בהן. בהתחלה אנחנו בדרך כלל משתמשים במילון עברי-אנגלי (או עברי-צרפתי, עברי-רוסי ואחרים). אבל אחר כך, כשכבר יודעים איך המילון עובד ומכירים מילים, טוב להשתמש במילון עברי-עברי.

בסמסטר השני של עברית אנחנו משתמשים במילון בכיתה כמעט כל יום. יש סטודנטים שלא התרגלו לבוא לכיתה עם מילון, ואז הם יושבים ולא עובדים. לפעמים הם מסתכלים במילון של חבר לכיתה, אבל זה לא עובד טוב. היום, בעידן הדיגיטאלי, קל מאוד למצוא מילונים עבריים באינטרנט (כמו מורפיקס או בבילון), וטוב לדעת איך למצוא אותם ולהשתמש בהם. לא צריך להביא מילון מיוחד—אפשר להשתמש באפליקציית מילון בטלפון הסלולארי.

לא קל להשתמש במילון מסורתי בעברית. דבר ראשון, אנחנו צריכים לדעת היטב את האלף-בית העברי כדי למצוא מילים במקום הנכון. זה נכון גם לגבי מילונים בשפות אחרות, אבל בעברית אנחנו גם צריכים לדעת איך השפה עובדת כדי לחפש מילים, וגם איך מילים כתובות

במילון הספציפי שלנו (למשל, יש מילונים שכותבים את המילה סיפור עם יוד, ויש שכותבים בלי יוד). המילונים באינטרנט עושים את החיפוש יותר קל, כי באמת אפשר לחפש כל מילה בכל צורה וברוב המקרים למצוא אותה. מצד אחד זה טוב, כי אפשר לעבוד מהר. מצד שני זה לא כל כך טוב, כי כשמשתמשים במילון מסורתי מחזקים את הבנת השפה.

יש כמה דברים שחשוב לדעת, כי הם נכונים בשביל רוב המילונים העבריים המסורתיים:

שמות עצם אנחנו מוצאים ביחיד, ואם יש צורות זכר ונקבה, בצורת הזכר.

ילדות נמצא כ**ילד**, לא כילדות ולא כילדה.

משחקים נמצא כ**משחק**.

דירות נמצא כ**דירה** (כי אין צורת זכר, המילה תמיד בנקבה).

שמות תואר אנחנו מוצאים בצורת הזכר יחיד.

יפים או **יפות** נמצא כ**יפה**.

מעניינת נמצא כ**מעניין**.

פעלים אנחנו מוצאים בצורת "הוא" בעבר.

נשארנו, הם **נשארים**, או הם **ישארו** נמצא כ**נשאר**.

נפצעתי או **אֶפָּצַע** נמצא כ**נפצע**.

מילים נמצאות במילון בלי תחיליות וסופיות.

את המילה **השופט** נמצא כ**שופט**.

את המילה **מהאיצטדיון** נמצא כ**איצטדיון**.

את המילה **כשהשחקנים** נמצא כ**שחקן**.

את המילים **שלנו** או **שלכן** נמצא כ**של**.

✍ **תרגיל 1: אתם צריכים לסמן נכון (✓), לא נכון (✗), אי אפשר לדעת (?).**

חשוב לדעת איך להשתמש במילון כשלומדים שפה חדשה. ✓ ✗ ?

בבילון ומורפיקס הם מילונים שאפשר למצוא באינטרנט. ✓ ✗ ?

לתלמידים מתחילים קל להשתמש במילון מסורתי עברי-אנגלי. ✓ ✗ ?

בסמסטר הראשון של עברית אנחנו לא משתמשים במילון. ✓ ✗ ?

שאלות הבנה:

למה לא קל להשתמש במילון מסורתי בעברית?

למה טוב או לא טוב להשתמש במילון באינטרנט?

מה עושים סטודנטים שלא מביאים מילון לשיעור?

איך מוצאים את הפועל **לְהִכָּנֵס** במילון?

שאלות הרחבה:

מה זה מילון עברי-אנגלי או אנגלי-עברי, ומה זה מילון עברי-עברי?

מהו "העידָן הדיגיטאלי"? אתם יכולים לחשוב על עוד שימושים של "עידן"?

מה אתם יודעים על המילון של אליעזר בן יהודה?

מה זה "מָבוֹא"? למה חשוב לקרוא את המבוא לכל מילון?

למה טוב ללומדי שפה להשתמש במילון עברי-עברי?

טריוויה: על מה הסרט "אֲבוּדים בטוקיו"? איך קוראים לסרט באנגלית, ולמה?

משהו על מילים:

מצד אחד... מצד שני זה כמו באנגלית "on the one hand...on the other hand".

הפעלים "הסתכל" ו"השתמש" הם בבניין התפעל, ואנחנו מדברים עליהם ביחידה ח' בספר.

אתם יכולים להשתמש בהם כמו בפעלים מגזרת השלמים:

מסתכל, הסתכלתי, אסתכל, משתמשת, השתמשה, תשתמש

תרגיל חשיבה:

מאיפה באים השמות "מורפיקס" ו"בבילון"? מאיפה באה המילה "מָבוֹא"?

למה אנחנו משתמשים ב "ב-" עם הפועל להשתמש? (להשתמש ב...)

תרגיל בשיחה:

סטודנטים עובדים בזוגות. הם משתמשים במילון ומתרגמים את הקטעים הבאים, ואז מדברים עליהם:

רַבִּי אֶלְעָזָר בֶּן עֲזַרְיָה אוֹמֵר: אִם אֵין תּוֹרָה, אֵין דֶּרֶךְ אֶרֶץ.

אִם אֵין דֶּרֶךְ אֶרֶץ, אֵין תּוֹרָה.

Dictionary practice
המילון

אִם אֵין חָכְמָה, אֵין יִרְאָה.

אִם אֵין יִרְאָה, אֵין חָכְמָה.

אִם אֵין בִּינָה, אֵין דַּעַת.

אִם אֵין דַּעַת, אֵין בִּינָה.

אִם אֵין קֶמַח, אֵין תּוֹרָה.

אִם אֵין תּוֹרָה, אֵין קֶמַח.

(פרקי אבות, ג)

מהי "בינה
מלאכותית"?

הוּא הָיָה אוֹמֵר :

אִם אֵין אֲנִי לִי, מִי לִי.

וּכְשֶׁאֲנִי לְעַצְמִי, מָה אֲנִי.

וְאִם לֹא עַכְשָׁיו, אֵימָתַי.

(פרקי אבות, א)

האם יש בית חב"ד בקמפוס
שלכם?

מאיפה בא השם "חב"ד"?

פרקי אבות היא מסכת במשנה. "הוא" הוא הילל הזקן, שנולד בבבל וחי בארץ ישראל במאה הראשונה לפני הספירה. הילל היה אחד מנשיאי הסנהדרין.

תרגיל חשיבה:

באיזו מילה אנחנו משתמשים בעברית המודרנית בשביל "אימתי"?

אתם מכירים עוד מילות שאלה שנפתחות ב"אי-"? מה זה אומר על "אי-"?

אם אנחנו חושבים על הקטע מאבות א' כעל שלוש שאלות רֶטוֹריוֹת, מה אנחנו לומדים ממנו?

 תרגיל 2: אתם צריכים לענות על השאלות.

1. לָמָה קשה לך להתרגל, ולמה קל לך להתרגל?

2. באיזו תוכנית טלוויזיה אתה אוהב להסתכל, ולמה?/ באיזו תוכנית טלוויזיה את אוהבת להסתכל, ולמה?

3. מה חשוב להביא כשנוסעים לטיול?

4. איך אנשים מחפשים ומוצאים בני זוג בעידן הדיגיטאלי?

תרגיל 3: אתם צריכים לכתוב שישה משפטים עם "להשתמש ב..." לפי הדוגמא.

דוגמא: כשאני כותבת אני משתמשת בעט או בעיפרון.

____

____

____

____

____

____

§4.1 Future tense in five verb patterns

Following are the future-tense conjugations of the five major verb patterns in three groups—regular, final-*heh*, and short verbs:

שלמים

פעל	**פיעל**	**התפעל**	**הפעיל**	**נפעל**
אֶכְתֹּב	אֲלַמֵּד	אֶתְלַבֵּש	אַרְגִּיש	אֶכָּנֵס (~~אנכנס~~)
תִּכְתֹּב	תְּלַמֵּד	תִּתְלַבֵּש	תַּרְגִּיש	תִּכָּנֵס
תִּכְתְּבִי	תְּלַמְּדִי	תִּתְלַבְּשִׁי	תַּרְגִּישִׁי	תִּכָּנְסִי
הוא יִכְתֹּב	הוא יְלַמֵּד	הוא יִתְלַבֵּש	הוא יַרְגִּיש	הוא יִכָּנֵס
היא תִּכְתֹּב	היא תְּלַמֵּד	היא תִּתְלַבֵּש	היא תַּרְגִּיש	היא תִּכָּנֵס
נכְתֹּב	נְלַמֵּד	נִתְלַבֵּש	נַרְגִּיש	נִכָּנֵס
תִּכְתבוּ	תְּלַמְּדוּ	תִּתְלַבְּשׁוּ	תַּרְגִּישׁוּ	תִּכָּנְסוּ
תִּכְתְּבוּ	תְּלַמְּדוּ	תִּתְלַבְּשׁוּ	תַּרְגִּישׁוּ	תִּכָּנְסוּ
הם יִכְתְּבוּ	הם יְלַמְּדוּ	הם יִתְלַבְּשׁוּ	הם יַרְגִּישׁוּ	הם יִכָּנְסוּ
הן יִכְתְּבוּ	הן יְלַמְּדוּ	הן יִתְלַבְּשׁוּ	הן יַרְגִּישׁוּ	הן יִכָּנְסוּ

(צורות פורמליות ל**אתן והן**: תכתבנה, תלמדנה, תתלבשנה, תרגשנה, תכנסנה, נמצאות לפעמים בשפה הכתובה).

ל"ה

פעל	פיעל	התפעל	הפעיל	נפעל
אֶקְנֶה	אֲנַסֶּה	אֶתְנַסֶּה	אַרְאֶה	אֶבָּנֶה
תִּקְנֶה	תְּנַסֶּה	תִּתְנַסֶּה	תַּרְאֶה	תִּבָּנֶה
תִּקְנִי	תְּנַסִּי	תִּתְנַסִּי	תַּרְאִי	תִּבָּנִי
הוא יִקְנֶה	הוא יְנַסֶּה	הוא יִתְנַסֶּה	הוא יַרְאֶה	הוא יִבָּנֶה
היא תִּקְנֶה	היא תְּנַסֶּה	היא תִּתְנַסֶּה	היא תַּרְאֶה	היא תִּבָּנֶה
נִקְנֶה	נְנַסֶּה	נִתְנַסֶּה	נַרְאֶה	נִבָּנֶה
תִּקְנוּ	תְּנַסּוּ	תִּתְנַסּוּ	תַּרְאוּ	תִּבָּנוּ
תִּקְנוּ	תְּנַסּוּ	תִּתְנַסּוּ	תַּרְאוּ	תִּבָּנוּ
הם יִקְנוּ	הם יְנַסּוּ	הם יִתְנַסּוּ	הם יַרְאוּ	הם יִבָּנוּ
הן יִקְנוּ	הן יְנַסּוּ	הן יִתְנַסּוּ	הן יַרְאוּ	הן יִבָּנוּ

(צורות פורמליות ל**אתן והן**: תקנינה, תנסינה, תתנסינה, תראינה, תבנינה; בפעלים אם א ה ח ע ר כעיצור ראשון בנפעל התנועה משתנה: יֵעָלֵם, תֵּרָגְעוּ, יֵרָאוּ).

ע"ו/ע"י

פעל	פיעל	התפעל	הפעיל	נפעל
אָקוּם	אֲקוֹמֵם*	אֶתְקוֹמֵם*	אָקִים	אֶסוֹג
תָּקוּם	תְּקוֹמֵם	תִּתְקוֹמֵם	תָּקִים	תִּסוֹג
תָּקוּמִי	תְּקוֹמְמִי	תִּתְקוֹמְמִי	תָּקִימִי	תִּסוֹגִי
הוא יָקוּם	הוא יְקוֹמֵם	הוא יִתְקוֹמֵם	הוא יָקִים	הוא יִסוֹג
היא תָּקוּם	היא תְּקוֹמֵם	היא תִּתְקוֹמֵם	היא תָּקִים	היא תִּסוֹג
נָקוּם	נְקוֹמֵם	נִתְקוֹמֵם	נָקִים	נִסוֹג
תָּקוּמוּ	תְּקוֹמְמוּ	תִּתְקוֹמְמוּ	תָּקִימוּ	תִּסוֹגוּ
תָּקוּמוּ	תְּקוֹמְמוּ	תִּתְקוֹמְמוּ	תָּקִימוּ	תִּסוֹגוּ
הם יָקוּמוּ	הם יְקוֹמְמוּ	הם יִתְקוֹמְמוּ	הם יָקִימוּ	הם יִסוֹגוּ
הן יָקוּמוּ	הן יְקוֹמְמוּ	הן יִתְקוֹמְמוּ	הן יָקִימוּ	הן יִסוֹגוּ

(*וגם אקיים, אתקיים בפיעל ובהתפעל כמו שלמים. צורות פומליות ל**אתן והן**: תקומנה, תקוממנה, תתקוממנה, תָּקמנה, תסוגנה).

Note the repeated last root consonant in the Pi'el and Hitpa'el verb patterns in the short verb (אֲקוֹמֵם, אֶתְקוֹמֵם). A variant with *yod* or *vav* as a middle consonant is common for short verbs in these patterns, and the two variants carry different meanings (for example, יתקיים *will take place*, as opposed to יתקומם *will rebel, uprise*; התכוון *he meant* as opposed to התכונן *he prepared* (intransitive)).

In the regular verb and the Pa'al pattern, verbs from roots that have *ayin* or *het* as second or third root consonants have an /a/ vowel as a final vowel: usually a *patach*, but with *alef* a *kamatz*:

אֶשְׁמַע, נִשְׁלַח, יִשְׂמַח, יִצְחַק, נִקְרָא (אבל אכתוב, נשמור)

Verbs whose last vowel in the future tense is a *patach* are further discussed in §6.2. Short verbs are rarely used in the Nif'al pattern in the spoken language.

Future tense II
זמן עתיד 2

The travel agent
סוכן הנסיעות
(קובי ואייל)

מילים חדשות *dalet 1 (continued)*

spend time (somewhere, with someone)	◄בִּלָּה (בילה, לבלות)
get dressed	◄הִתְלַבֵּשׁ (להתלבש)
wake up (transitive)	◄הֵעִיר (להעיר)
bathe (intransitive), take a bath	◄הִתְרַחֵץ (להתרחץ)
prepare (intransitive)	◄הִתְכּוֹנֵן (להתכונן)
sleep (verb)	◄יָשֵׁן (לישון)
rest (verb)	◄נָח (לנוח)

 d2

סדר היום למחר:

אני אתעורר בשש בבוקר, אתעמל, אתרחץ ואתלבש. גם דורית תקום בשש. היא תעיר את הילדים, ותתכונן לבוקר. אנחנו נאכל ארוחת בוקר בשבע. הילדים יעלו על האוטובוס לבית הספר בשעה רבע לשמונה, ואנחנו נסדר קצת את הבית ואז אני אֶסַּע (**אנסע**) לאוניברסיטה

ודורית תִּסַּע (~~תנסע~~) לעבודה.
אני אעבוד עד ארבע, ואז אסע לקחת את הילדים מבית הספר. דורית תחזור הביתה רק בחמש וחצי. אני אבשל ארוחת ערב לכולם ואנחנו נאכל בשש וחצי. אחרי הארוחה נסדר את המטבח, ואז כל אחד יעשה משהו אחר: דורית תנוח קצת, אני אקרא עיתון ואולי אסתכל בטלוויזיה, והילדים יעשו שיעורים. אם הם ירצו, אנחנו נעזור להם להכין שיעורים. בשעה עשׂר הילדים יֵלְכוּ לישון, וגם אנחנו נתכונן לשֵׁינָה.

תוכנית לטיול בארץ (טוב להסתכל במפה כשקוראים!):
ביום ראשון בבוקר ניסע ברכבת מתל-אביב לחיפה. נטייל בחיפה עד הערב, ואז ניסע באוטובוס לנהרייה ונהיה שם בלילה בבית מלון. בבוקר ניסע לראש הנקרה ונראה את המְעָרות שם ואת הגבול. משם ניסע למטולה, ונהיה שם עד אחר הצהריים. ממטולה ניסע לצפת, ונלון שם בלילה. ביום שלישי בבוקר נטייל בצפת ובמירון, ומשם ניסע לטבריה. נעשה פיקניק על יד הכינרת, נישן באוהל, ונהיה שם גם ביום רביעי. ביום חמישי מוקדם בבוקר ניסע לרמת הגולן. נטייל ברמה כל הבוקר, ובצהריים נְבַלֶּה בחמת גדר. בערב נחזור לטבריה ונלון שם בבית מלון. ביום שישי בבוקר נחזור לתל-אביב באוטובוס.

(ללון: כמו לישון, אבל במקום כמו מלון או בית שלא שלך)

תרגיל בשיחה:
אתם צריכים לספר מה תעשו מחר, ומה תעשׂו כשתגמרו ללמוד באוניברסיטה.
אתם צריכים לספר איך אתם מתכוננים לבחינה בעברית.
אתם צריכים לעבוד בזוגות. אחד מכם יהיה "קורא בכף היד" (או בספל קפה) שיספר לבן או בת הזוג מה יהיה העתיד שלו או שלה.
אתם צריכים לספר על "סדר היום למחר" ו"תוכנית לטיול בארץ" ולהשתמש ב"הוא" או "היא" (ביום ראשון בבוקר הוא יסע ברכבת מתל-אביב לחיפה. הוא יטייל בחיפה...)

תרגיל 4: אתם צריכים לכתוב את המשפטים מחדש בזמן עתיד.

1. הם השתמשו במילון כשהם עשו את השיעורים.

____

2. הן התלבשו מהר ורצו לכיתה.

____

3. נכנסנו לחנות וקנינו שלושה זוגות מכנסיים.

4. היא נשארה בבית כי היא לא הרגישה טוב.

5. הם לימדו אותנו לחפש מילים באינטרנט אבל אנחנו רצינו להשתמש במילון.

6. הוא התעורר בחמש בבוקר והתחיל לעבוד.

7. ניסיתי לפתוח את הדלת ולהיכנס הבייתה אבל לא הצלחתי.

8. הן בירושלים כל השבוע ואנחנו משתמשות במכונית שלהן.

9. היא הראתה לי את הבית החדש. שמחתי שלא אני שילמתי בשבילו!

10. הם מקימים תחנת טלוויזיה מקומית.

11. הוא שמע תוכנית מאוד מעניינת ברדיו וסיפר לי עליה.

תרגיל 5: אתם צריכים לכתוב את הפעלים בזמן עתיד.

1. אנחנו __________ (לבוא) לכאן בחמש ו__________ (לעבוד) כל הלילה.
2. מתי אתם __________ (להתעורר) מחר בבוקר?
3. מתי הן __________ (לנסות) את הבגדים החדשים?
4. אם אתם __________ (להשתמש) במילון, __________ (למצוא) את המילים החדשות.
5. אני חושבת שהם __________ (לבלות) יפה הערב.
6. דינה __________ (להסתכל) בטלוויזיה הערב כי היא אוהבת את התוכניות.
7. הן __________ (לשיר) באופרה של מילאנו בקייץ.
8. אם אתן __________ (לכתוב) לנו מאירופה, אנחנו __________ (לכתוב) לכן מישראל.
9. אני מאוד __________ (לשמוח) אם אתה __________ (למצוא) את הספר שלי.

10. אם הם ___________ (לעבוד) קשה, הם ___________ (לנצח) במשחק.
11. כשהם ___________ (להיפגש) ברחוב, הם לא ___________ (להכיר) זה את זה.

§4.2 Transitive and intransitive verbs

Many of the verbs in the Hitpa'el pattern are intransitive (they do not take direct objects, much like *sneeze* or *fall* in English). We will use the transitive/intransitive distinction primarily to avoid misinterpretation of the English equivalents of the Hebrew verbs in our glossaries. For example, English allows "wake up" both for waking up someone else (a transitive verb, taking a direct object, as in *I woke* ***her*** *up early in the morning*) and for waking up yourself (*I woke up early in the morning*, an intransitive form). Hebrew uses different verb patterns to allow for such distinctions: העיר is the transitive form and התעורר is the intransitive form:

הערתי אותה מוקדם בבוקר.

(אני) התעוררתי מוקדם בבוקר.

Likewise, *prepare* הכין is transitive (as in prepare a meal) and התכונן is intransitive (as in prepare for an exam):

הם יכינו את הארוחה.

(אנחנו) נתכונן לבחינה.

§4.3 The imperative

In the spoken language, the imperative is formed like the second-person future tense:

תְּנַסִּי לדבר!

תִּגמרו את העבודה!

תָּקוּם עכשיו!

תִּכְתּוֹב לי!

תִּשְׁמַע מה שהוא אומר!

The formal language has a special imperative form, which is very similar to the future tense without its prefixes:

נַסִּי לְדַבֵּר!
גִּמְרוּ את העבודה!
קוּם עכשיו!
כְּתוֹב לי!
שְׁמַע מה שהוא אומר!

Eating out
במסעדה
(קובי ואייל)

A prohibition (or negative imperative, as in "don't") opens with the particle אַל, which is always followed by the future tense form (with ת as prefix):

אל תדברו!
אל תבואי לכאן!
אל תקני לי בגדים חדשים!
אל תשארו פה!

Imperatives
הציווי

The absence of ת- as prefix is not the only feature that distinguishes the formal infinitive from the future tense. Verbs in Hitpa'el, Hif'il, and Nif'al take a ה- as the imperative prefix, and the final vowel of the masculine singular imperative in Hif'il is a *tsere* and not a *chirik*:

תִּתְלַבֵּשׁ!/ הִתְלַבֵּשׁ!   הַרְגֵּשׁ/תַּרְגִּישׁ

פעל	פיעל	התפעל	הפעיל	נפעל
כְּתֹב	לַמֵּד	הִתְלַבֵּשׁ	הַרְגֵּשׁ	הִכָּנֵס
כִּתְבִי	לַמְּדִי	הִתְלַבְּשִׁי	הַרְגִּישִׁי	הִכָּנְסִי
כִּתְבוּ	לַמְּדוּ	הִתְלַבְּשׁוּ	הַרְגִּישׁוּ	הִכָּנְסוּ
קְנֵה	נַסֵּה	הִתְנַסֵּה	הַרְאֵה	הִבָּנֵה
קְנִי	נַסִּי	הִתְנַסִּי	הַרְאִי	הִבָּנִי
קְנוּ	נַסּוּ	הִתְנַסּוּ	הַרְאוּ	הִבָּנוּ

שיר עברי ידוע הוא "הבה נגילה." יש בשיר צורת ציווי מהשורש ע.ו.ר. מהי? מה אומר השיר?

קום	קוֹמֵם*	הִתְקוֹמֵם*	הָקֵם	הִכּוֹן
קומי	קוֹמְמִי	הִתְקוֹמְמִי	הָקִימִי	הִכּוֹנִי
קומו	קוֹמְמוּ	הִתְקוֹמְמוּ	הָקִימוּ	הִכּוֹנוּ

(*וגם קיים, התקיים)

תרגיל חשיבה:

אתם מכירים את הבובה "נָחוּם תָּקוּם"? מאיפה בא השם?

איך קוראים לבובה באנגלית? בשפות אחרות?

למה "נחום תקום" אף פעם לא נופל?

נחום תקום

תרגיל 6: כתבו את המשפטים לפי הדוגמאות.

דוגמא: (אמרו לדורית לבוא לכאן) דורית, בואי לכאן! או דורית, תבואי לכאן!

(אמרו לחברים לא לקום מאוחר) חברים, אל תקומו מאוחר!

1. (אמרו למשה לא לדבר כל כך הרבה.)

____

2. (אמרו לנו לקום מוקדם.)

____

3. (אמרו למשה ולרחל לא להסתכל בטלוויזיה.)

____

4. (אמרו לשירה להיכנס לכיתה.)

____

5. (אמרו לרחל לנסות את העט החדש.)

____

6. (אמרו לילדים לגמור את החלב.)

____

7. (אמרו לאורן שיחלום חלומות טובים.)

____

8. (אמרו לרינה להישאר פה.)

____

9. (אמרו לנו לא ליפול.)

____

10. (אמרו לרותם להתעורר.)

____

11. (אמרו למיכל לשמוע מה קרה לכם.)

____

12. (אמרו ליואב לא לנסוע מהר.)

____

מצאו את השיר של עידן רייכל "בואי."
הביאו את השיר לכיתה, ודברו על צורות
הציווי בשיר.

שיר ששרו החלוצים בארץ ישראל מתחיל
במילים "שורו, הביטו וראו, מה גדול היום
הזה!"

מצאו את השיר, הביאו אותו לכיתה. מה
ההיסטוריה של השיר?

§4.4 Reciprocity and "self"

Reciprocity is expressed in Hebrew by the demonstrative pronoun זה:

הם התראו זה עם זה יום יום.

לא התרגלנו זה אל זה.

הם לא אהבו זה את זה.

הן יטלפני זו אל זו ויבואו למסיבה ביחד.

הם הסתכלו זה בזה, אבל לא הכירו זה את זה.

דן ושׂרה יחשבו זה על זה כל היום.

הם יכנסו לחדר זה אחרי זה.

אנחנו כתבנו זה לזה כל השנה.

77

Native speakers often use אחד and שני to express reciprocity:

הם יתראו אחד עם השני כל יום.

לא התרגלנו אחד לשני.

This form of expression is not allowed in formal Hebrew, because of the value that is assigned to "first" as opposed to "second"— who is the first and who is the second in a reciprocal setting? A similar reasoning explains the use of masculine for זה even if one side of the reciprocal setting is of the feminine gender:

דוויד ושרה אהבו זה את זה.

(בעברית המדוברת שומעים גם ״דוויד ושרה אהבו זה את זו.״)

✍ תרגיל 7: כתבו משפטים בזמן עתיד והשתמשו ב-זה...זה.

לאהוב זה את זה (דוגמא: אנחנו נאהב זה את זה אבל לא נספר זה לזה.)

לחשוב זה על זה (דוגמא: הוא יהיה בירושלים ואני אהיה בפריס, אבל נחשוב זה על זה.)

להסתכל זה בזה

לנסוע זה אל זה

לעבוד זה עם זה

להמצא זה עם זה

להבין זה את זה

לגור זה על יד זה

לבקר זה אצל זה

לדעת זה על זה

להיות זה של זה

להתראות זה עם זה

להיפגש זה עם זה

להתכונן לבחינה זה עם זה

לבלות יפה זה עם זה

להתחתן זה עם זה

"Self" (as in *herself*) is expressed in Hebrew by the noun עצם, which takes the usual pronominal suffixes appended to -עַצְמ to express combinations such as *myself, yourself,* etc.:

עַצְמִי, עצמְךָ, עצמֵךְ, עצמוֹ, עצמָהּ, עצמֵנו, עצמכֶם, עצמכֶן, עצמָם, עצמָן

הוא אוהב לעשות הכל בעצמו. הוא לא אוהב לעבוד עם אנשים אחרים.

היא התלבשה בעצמה, אבל עשתה את זה לאט כי כאב לה הגב.

היא אמרה לעצמה שהכל בסדר.

אני לא יכולה לגמור את האוכל בעצמי. אתה רוצה קצת?

Native speakers at times use לבד for "by…self":

הוא עושה הכל לבדו.

משהו על מילים:

עצם, which as a root also carries the meaning of "core," is often used idiomatically. Some examples of its use are:

בעצם	in fact, as a matter of fact
עצם העִנְיָן	the crux of the matter
גּוֹל עצמי	own goal (sports)
בִּטָּחוֹן עצמי	self-confidence
שֵׁרוּת עצמי	self-service
הַגְדָּרָה עצמית	self-determination
הֲגַנָּה עצמית	self-defense

חפשו באינטרנט דוגמאות של מסעדות בשירות עצמי. הביאו אותן לכיתה.

חפשו באינטרנט את שיר הפתיחה של תוכנית הילדים משנות השבעים מה פתאום ("קישקשתא.") מיהו קישקשתא? על מה הוא שר? למה קוראים לו קישקשתא?

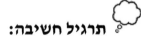

תרגיל חשיבה:

מתי אומרים על מישהו שהוא עצמאי?

למה קוראים למלחמה של 1948 "מלחמת העצמאות"?

תרגיל בשיחה: ☺☺

ספרו לכיתה מה אתם אוהבים לעשות בעצמכם, ומה אתם אוהבים לעשות עם חברים.

דברו על דברים שחשובים לביטחון העצמי של אנשים צעירים.

דברו על יום העצמאות בישראל.

השתמשו במילון, ונסו להבין את הקטע הבא (מפרקי אבות ב׳). דברו עליו—האם הוא אקטואלי בשבילכם?

חפשו באינטרנט את השיר "פה קבור הכלב" של להקת כוורת. יש בשיר משחק מילים על "עצם." מה המשחק?

הילל אומר:

אל תפרוש מן הציבור,

ואל תאמן בעצמך עד יום מותך,

ואל תדין את חברך עד שתגיע למקומו,

ואל תאמר דבר שאי אפשר לשמוע, שסופו להישמע,

ואל תאמר לכשאֶפָּנֶה אֶשְׁנֶה, שמא לא תִּפָּנֶה.

תרגיל 8: כתבו את המשפטים בעברית.

1. He did the work by himself.______________________________
2. I will get up by myself.______________________________
3. What does she want from herself?______________________________
4. They will send a letter to themselves.______________________________

§4.5 The demonstrative זה as "it"

The demonstrative זה is very versatile in its uses. One common use is parallel to the English "it," "this," or "that," when they point to a general entity:

I don't like this/it!	אני לא אוהב את זה!
This/it does not sound good!	זה לא נשמע טוב!
This is interesting!	זה מעניין!
What does that/it mean?	מה זה אומר? מה זאת אומרת?
That's the whole point!	זה כל העִנְיָן!

Remember, though, that Hebrew does not have a “dummy pronoun” parallel to the unspecific “it” in expressions like “It is raining outside,” “It is cold here!,” or “It is not good to drink alcohol and drive” :

יורד גשם בחוץ.

קר פה!

לא טוב לשתות אלכוהול ולנהוג.

נושׂאים לכתיבה:

כך אני רואה את העתיד שלי...

בעוד מאה שנים, באמריקה ...

רשימה להורים: מה לא לעשות ולא לעשות עם הילדים שלהם. (דוגמא: אל תתנו להם לאכול ברוקולי אם הם לא אוהבים ברוקולי)

אנשים אוהבים להיות זה עם זה כי...

עצמאות חשובה לי.

יש לי/אין לי ביטחון עצמי...

כשהייתי קטן/קטנה, ההורים שלי תמיד אמרו לי מה לעשות. כשלי יהיו ילדים...

פעילות יוצרת:

ציירו הזמנות לחתונה או כרטיסים אחרים או שלטים והשתמשו בלשון ציווי.

דוגמא: סע לאט!

בואו לחתונה של דוויד ודורית.

קחו מספר!

אל תיכנסו!

81

התחלה קשה וסוף טוב צייר גיל זילכה

יחידה ה

 heh 1 מילים חדשות

population	◄אוֹכְלוּסִיָּה (נ.)
event	◄אֵרוּעַ (ז., אירוע)
heroism	◄גְּבוּרָה (נ.)
religion	◄דָּת (נ.)
religious	◄דָּתִי
memory, memorial	◄זִכָּרוֹן (ז., ר. זכרונות)
holiday, festival	◄חַג
celebrate	◄חָגַג (לחגוג)
secular	◄חִלּוֹנִי (חילוני)
ceremony	◄טֶקֶס (ז.)
Jewish, a Jew	◄יְהוּדִי
go/come out	◄יָצָא (לָצֵאת)
respect (verb)	◄כִּבֵּד (כיבד, לכבד)
state (noun)	◄מְדִינָה (נ.)
full	◄מָלֵא
custom	◄מִנְהָג (ז.)
leader	◄מַנְהִיג (ז.)
tradition	◄מָסוֹרֶת (נ.)
traditional	◄מָסָרְתִּי (מסורתי)
minority	◄מִעוּט (ז., מיעוט)
commandment, good deed	◄מִצְוָה (מצווה, נ.)
nation, people	◄עַם (ז.)

מהו "יום הזיכרון לשואה ולגבורה"? מתי מציינים אותו? למה ביום הזה?

Shabbat at Yael's
שבת בביית של יעל

הדיבר "כבד את אביך ואת אמך" (שמות כ' יב') בא עם הסבר. מה ההסבר?

מהי "מצוות כיבוד אב ואם"?

עַצְמָאוּת (נ.)	independence
פָּתוּחַ	open (adjective)
רָגִיל	regular, common
שׁוֹאָה (נ.)	Holocaust, disaster
תְּנוּעָה (נ.)	movement (organization)
תַּפְקִיד (ז.)	role
תַּרְבּוּת (נ.)	culture

h1

התנועה הציונית ההיסטורית היתה תנועה חילונית. המנהיגים הגדולים של התנועה, כמו בנימין זאב הרצל, אחד העם, וחיים וייצמן גדלו בבית חילוני או יצאו מהמסגרת הדתית המסורתית בגיל צעיר. בגלל התפקיד המיוחד של הדת בהיסטוריה של העם היהודי, לדת ולתרבות היהודית היה מקום חשוב בתנועה, גם במחשבה של הציונים החילוניים. מדינת ישראל קמה כמדינה חילונית, אבל לדת שָׁמוּר היה מקום מיוחד. בעשורים האחרונים אפשר לראות שהדתיוּת באוכלוסייה היהודית בארץ מתחזקת. באוכלוסייה היהודית בישראל של 2012, ארבעים ושלושה אחוזים מהאנשים הגדירו את עצמם כחילוניים; עשרים ושלושה אחוזים כמסורתיים ("שומרי מסורת" או "מסורתיים" הם אנשים המכבדים את המסורת ואת המנהגים וחוגגים את החגים המרכזיים אך אינם חיים בהתאם לכל מצוות הדת); חמישה עשר אחוזים כמסורתיים-דתיים; עשרה אחוזים כדתיים; ותשעה אחוזים כחרדים.

יש שאלות רבות וקשות בנושא הדת והמדינה בארץ, כמו האם חרדים צריכים לשרת בצבא, האם אנשים יכולים להתחתן בטקס שאינו דתי, או האם אוטובוסים ורכבות צריכים לנסוע בשבת. בערים גדולות כמו תל- אביב וחיפה, מרכזי קניות גדולים (קניונים) פתוחים בשבת ומלאים אדם, ואירועי תרבות בערב שבת הם דבר רגיל. בירושלים ובמקומות אחרים דתיים וחילוניים חיים ביחד אך לא תמיד מוצאים דרך לכבד זה את זה ולחיות בשלום.

האוכלוסייה היהודית בישראל חוגגת חגים דתיים ולאומיים. בחגים דתיים כראש השנה, סוכות ופסח לא עובדים ולא לומדים. בחגים וימי זיכרון לאומיים כיום העצמאות, יום

ירושלים ויום הזיכרון לשואה ולגבורה, יש טקסים במקומות מרכזיים ואנשים מנסים לעשות משהו מיוחד עם המשפחה ועם חברים.

באפריל 2015 היו בישראל 8.35 מיליון תושבים. האוכלוסייה היהודית היא כ-75% מאוכלוסיית הארץ, והאוכלוסייה הערבית כ-21%. באוכלוסייה הערבית, המוסלמים הם כ-73%,הנוצרים כ-9%, והדרוזים כ-7%. השאלה האם ישראל היא מדינה יהודית או מדינת כל אזרחיה היא שאלה חשובה וקשה היום כמו שהייתה בזמן הקמת המדינה.

תרגיל 1: סמנו נכון (✓), לא נכון (✗), אי אפשר לדעת (?).

המנהיגים הגדולים של התנועה הציונית באו מבתים דתיים. ✓ ✗ ?

רוב האנשים בישראל מגדירים את עצמם כשומרי מסורת. ✓ ✗ ?

הדתיות באוכלוסייה הלא יהודית בארץ מתחזקת. ✓ ✗ ?

בערים הגדולות יש מרכזי קניות שפתוחים בשבת. ✓ ✗ ?

מי שכתב את הקטע חושב שישראל צריכה להיות מדינת כל אזרחיה. ✓ ✗ ?

שאלות הבנה:

מה היה מקום הדת בתנועה הציונית ההיסטורית?

מה זה "שומרי מסורת"?

אילו חגים וימי זיכרון דתיים ולאומיים חוגגת האוכלוסייה היהודית בישראל?

שאלות הרחבה:

Religions
דתות

מתי קמה התנועה הציונית, ומתי הוקמה מדינת ישראל?

אילו חגים דתיים ולאומיים חוגגים בארצות הברית?

מה זה "בר-מצווה" או "בת-מצווה"?

אילו מסורות יש במשפחה שלך?

מה הדברים החשובים ביותר ביהדות? בנַצְרוּת? באִיסלָאם?

מתי חוגגים את יום העצמאות של ישראל? של ארצות הברית? של צרפת? של ירדן? של מרוקו? למה בימים הספציפיים האלה?

מהו חג הנביא שועייב? מהו חג הקורבן (עיד אלאדחא)? מהו חג המולד?

טריוויה: סרט מאוד ידוע של ליאון יוריס מספר על הישוב בארץ בזמן מלחמת העצמאות. מה אתם יודעים על הסרט?

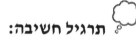

תרגיל חשיבה:

למלחמת העצמאות קוראים בעברית גם "מלחמת הקוממיות." מאיפה באה המילה "קוממיות"?

(for the following section, think gerunds and verbs):

If לחגוג is *to celebrate*, how do we say *celebration*?

If לצאת is *come/go out*, what is the Hebrew word for *an exit*?

If להגדיר is *to define*, what is the Hebrew word for *definition*?

If להתפרץ is *to erupt*, what is the Hebrew word for *eruption*?

משהו על מילים:

הביטוי "חגיגה לעיניים" מדבר על משהו שהוא יפה במיוחד:
הפרחים באביב הם חגיגה לעיניים!

מהי ה"מימונה"? מי חוגג את המימונה, ומתי?

§5.1 The impersonal and generalities

First- and second-person verbal forms are clearly marked for person by their suffixes or prefixes (or both) in the past and future tense. Third-person forms, however, are never indicative of the person, and require, therefore, the use of a noun or a pronoun to indicate the exact person performing the action. The form למדתי can only mean *I studied*, and אבוא can only mean *I will come*. But למד or יבוא do not reveal who studied or who will come—it could be anyone (David, he, the student, the mailman, etc.). Thus, omission of the third-person pronoun (or a noun) obscures the identity of the person performing the action. This is ideal for situations where a speaker/writer wants to make an impersonal statement—a statement that refers to a generality, much like *One goes to school at the age of six* or *They call me Bruce* in English. Hebrew uses the הם form for that purpose:

קוראים לי ברוס.

בישראל הולכים לבית הספר בגיל שש.

Study the following sentences, all of which use the impersonal:

באמריקה עובדים חמישה ימים בשבוע. בישׂראל עובדים שישה ימים בשבוע, אבל במקומות עבודה רבים יעברו לשבוע עבודה בן חמישה ימים.

פעם חשבו שלא טוב להתרחץ. היום חושבים שצריך להתרחץ כל יום.

פה נכנסים ושם יוצאים.

מרגישים שאת לא רוצה להיות פה עכשיו!

עכשיו יש פה בניין ישן, אבל בעתיד יבואו לכאן לשמוע הרצאות וקונצרטים.

חושבים שהוא מיוחד, אבל באמת הוא משעמם!

ישלחו לי הרבה מכתבים כשאכנס לבית החולים.

תרגיל 2: ענו על השאלות.

1. אילו שפות מדברים בישׂראל?
2. באיזה יום (או ימים) לא עובדים באמריקה? ובישראל?
3. איך יודעים שבא הסתיו?
4. מתי חוגגים את ראש השנה האזרחית? את חג המולד? את חג ההודייה?
5. איך אומרים בעברית (חפשו במילון) : synagogue? church? mosque?
6. מתי הולכים להלוויה (חפשו את המילה "הלוויה" במילון)?
7. מתי משתמשים בעברית במילה "בבקשה"?

heh 2 מילים חדשות

אָסוּר	forbidden, prohibited
אֶפְשָׁר	possible
אִי אֶפְשָׁר	impossible
בְּדֶרֶךְ כְּלָל	usually

חידה/בדיחה ישנה:

איש שהלך עם כלב ברחוב שאל נהג אוטובוס אם מותר לו להעלות את הכלב איתו לאוטובוס.
הנהג ענה: "אסור מותר,מותר אסור."
למה התכוון הנהג?

◂כְּדַאי	worthwhile
◂מוּתָר	allowed, permissible
◂רָצוּי	desirable

Expressions like אסור, רצוי, מותר, אפשר, and כדאי are often used in statements that convey a generality (and generally in situations where English would use the "dummy pronoun" it):

אפשר לשחק פה.
אסור לנסוע פה בשבת.
רצוי לעשות את כל השיעורים ולבוא לכיתה כל יום.
מותר לדבר בכניסה לספרייה, אבל לא בספרייה עצמה.
כדאי לראות את הסרט הזה-- הוא טוב מאוד!

Like in structures imparting possession, whatever is "forbidden," "worthwhile," etc., is the actual subject of the sentence. It is assigned the generic masculine gender, and, therefore, one uses היה to express the same idea in the past tense and יהיה in the future tense:

אפשר יהיה לשחק פה. (או, יהיה אפשר לשחק פה)
אסור היה לנסוע פה בשבת. (או, היה אסור...)
רצוי היה לעשות את כל השיעורים ולבוא לכיתה כל יום. (או, היה רצוי...)
מותר היה לדבר בכניסה לספרייה, אבל לא בספרייה עצמה. (או, היה מותר...)
כדאי יהיה לראות את הסרט הזה-- הוא טוב מאוד! (או, יהיה כדאי...)

All these statements are general, referring to no one person in particular. The specific person can be added to most of these expressions as an object of the preposition ל-, just like it is done in sentences imparting possession:

מותר יהיה <u>לך</u> לשחק פה.
אסור <u>לנו</u> להיכנס לחנות בלי נעליים וחולצה.
מותר <u>לסטודנטים</u> לדבר בכניסה לספרייה, אבל לא בספרייה עצמה.

כדאי <u>לך</u> לראות את הסרט הזה-- הוא טוב מאוד!

(כמו: יש <u>לי</u> עבודה, היו <u>לסטודנטים</u> שיעורים).

תרגיל בשיחה: ☺☺

שאלו שאלות כמו:

מה אסור לעשות בכיתה?

מה מותר לאכול כשכואבת הבטן?

מה רצוי ולא רצוי לעשות כשחם בחוץ?

מה כדאי לקרוא אם רוצים לקרוא משהו קל?

מה אי אפשר להגיד לילדים קטנים?

מה יהיה אפשר לעשות בעתיד שאי אפשר היה לעשות בעבר?

במה כדאי היה להשקיע כסף פעם, ולא כדאי להשקיע בו עכשיו?

תרגיל 3: השלימו את המשפטים.

1. כדאי לנו לבוא לכאן כל יום, כי ____________________
2. אסור לי לדבר איתך בטלפון כי ____________________
3. מותר יהיה לכם לעבוד בחדר הזה אם ____________________
4. כדאי היה לה לשתות לפני שהיא יצאה לרחוב, כי ____________________
5. מותר יהיה לנו לעבור לכיתה האחרת, אבל ____________________
6. אסור יהיה לצעירים מתחת לגיל שבע עשׂרה לראות את הסרט הזה כי ____________________
____
7. בדרך כלל הוא בחור שמח. אפשר לראות את זה כש... ____________________

§5.2 Uses of the word מה "what"

The question word מה is often used in the sense of *whatever* or *something*. In negative contexts it combines with אין to mean *nothing*. Study the following sentences:

אין לי מה ללבוש! I have nothing to wear!

אין לכן מה להגיד? Have you got nothing to say?

אני יכולה לתת לך מה שאת רוצה.   I can give you whatever you want.

מה שנתתי לו לא היה מספיק טוב.   Whatever I gave him was not good enough.

In the first two sentences, like in all other sentences involving possession, whatever is possessed serves as the subject of the sentence. Accordingly, the verb agrees with it in gender and number. Since expressions like מה ללבוש have no gender, the generic gender, masculine, is assigned to them, as is evident from the past or future-tense equivalents:

לא **היה** לי מה ללבוש.לא **יהיה** לי מה ללבוש.

לא **היה** לכן מה להגיד? לא **יהיה** לכן מה להגיד?

תרגיל 4: כתבו קטעים קצרים המתחילים במילים:

אתמול בערב, רציתי לצאת עם חברים, אבל לא היה לי מה ללבוש ...

_____

_____

_____

לא היה לי מה לספר להם, אז ...

_____

_____

_____

אין לנו מה להוסיף ...

_____

_____

_____

מה שאתה אומר אני אוהבת, כי ...

_____

_____

_____

מה שתרצי תקבלי אם...

_____

_____

_____

תרגיל חשיבה:

בחג הפסח אנחנו שרים "מה נשתנה הלילה הזה מכל הלילות?", וכשאנחנו ביחד אנחנו לפעמים שרים "הנה מה טוב ומה נעים, שבת אחים גם יחד!". מה זה אומר לנו על המילה "מה"?

 מילים חדשות heh 2 (continued)

no one, nobody	◄אף אחד לא..., לא... אף אחד.
never	◄אף פעם לא..., לא... אף פעם.
nothing	◄שום דבר לא..., לא... שום דבר

§5.3 About "nothing" and "all"

In expressions that denote complete absence, such as *nothing*, *never*, or *nobody*, Hebrew uses the particles שום, אף:

אף אחד לא אוהב אותי!

לא הכרתי שם אף אחד.

למה שום דבר לא טוב בשבילך?

אני לא מבינה שום דבר.

אני אף פעם לא הייתי בסין.

אף פעם לא מאוחר ללמוד.

אף פעם לא אסע לגרמניה.

Sentences with such expressions always contain the negative particle לא. Its placement is the traditional placement of לא, right before the item that is negated. In the spoken

91

language, however, such expressions may appear without לא when they are used as short answers:

מי גר פה? אף אחד.

מתי תבואי לבקר? אף פעם.

מה אתה רוצה? שום דבר.

The word אף by itself means *even, also*. The expression אף אחד means, then, *even one*; אף פעם means *even once*; the negative flavor (not even one = nobody; not even once = never) is supplied by the לא.

Nothing is expressed with אין... מה when what follows is an infinitive, and by אין ... שום דבר in all other cases. In the formal language, *nothing* can by expressed by אין ... דבר:

אין לך מה לעשות פה!

אין לי שום דבר במקרר.

איבדתי הכל. אין לי דבר בעולם.

אף אחד is parallel to a third-person masculine singular noun, and can be used whenever such a noun (or a pronoun) would be used:

אף אחד לא יראה אותי. (כמו : הוא לא יראה אותי.)

לא ראיתי אף אחד. (כמו : לא ראיתי את משה.)

לא אגיד שלום לאף אחד. (כמו : לא אגיד שלום למשה.)

☺☺ תרגיל בשיחה:

עבדו בקבוצות. התחילו שיחה קצרה עם:

שום דבר לא טוב בשבילי ...

אני אף פעם לא אבין ...

אף אחד לא מבין אותי ...

אף פעם לא שתיתי ...

אף פעם לא חשבתי שארצה...

ילדים לפעמים אומרים
"שולם שולם לעולם,
ברוגז ברוגז אף פעם."
מה הקונטקסט?

תרגיל 5: כתבו את המשפטים בעברית.

1. Nobody likes him.

2. I will never see her.

3. They (f) don't want anything.

4. We did not see anyone.

5. Nothing will be good for me!

6. No one will come to the celebration.

7. My family was never religious.

8. Nobody will respect you if you do not respect anybody.

The word כל functions like a noun meaning *entirety*. Like all other nouns in Hebrew, כל

can be used with pronominal suffixes to mean *all of me, all of us*, etc. This noun takes the

form כֻּל- before all suffixes:

כֻּלִּי, כֻּלְּךָ, כֻּלֵּךְ, כֻּלּוֹ, כֻּלָּהּ, כֻּלָּנוּ, כֻּלְּכֶם, כֻּלְּכֶן, כֻּלָּם, כֻּלָּן

The word הכל means *everything*:

שמעתי כל מה שהם אמרו אבל לא הבנתי הכל.

The word כולם, which means *everyone, everybody*, is literally *all of them*. That is why every

verb or adjective that follows it has to take the masculine plural form:

כולם באו היום לסרט.

כולם יאהבו אותו.

כולם יתכוננו לבחינה.

This may present a difficulty to learners who are speakers of English, as in English the

words *everyone* and *everybody* are considered singular. Hebrew does have a parallel

singular expression: כל אחד

> בסדר פסח אנחנו אומרים: "ואפילו כולנו חכמים, כולנו נבונים, כולנו יודעים
> את התורה, מצווה עלינו לספר ביציאת מצריים. וכל המרבה לספר ביציאת
> מצריים הרי זה משובח." חפשו באינטרנט את הקונטקסט לאמירה הזאת.

כל אחד בא היום לסרט.

כל אחד יאהב אותו.

כל אחד יתכונן לבחינה.

The combination -כל ה, which may be followed by a singular or a plural noun, means *the entirety of*, or *all the*:

כל היום עבדתי, ועכשיו אני רוצה לנוח.

לא כל המצוות חשובות בשבילי.

הם יחגגו את כל החגים.

On the other hand, כל followed by a singular noun that is not definite takes the meaning of *every, each*:

כל יום אני עובד. אני אף פעם לא נח.

אני חושבת שכל סיפור בספר הזה יהיה מעניין.

אני צריכה להגיד שלא כל חג חשוב בשבילי.

Note, then, the difference between the pairs of sentences:

כל היום אני עובד פה. (all day long)

כל יום אני עובד פה. (every day)

כל השנה היא תגור במעונות. (the entire year)

כל שנה היא תגור במעונות. (every year)

כל האזרחים יוכלו להשתתף בבחירות. (all citizens)

כל אזרח יוכל להשתתף בבחירות. (every citizen)

מהי תפילת "כל נדרי"? באיזו שפה היא?

תרגיל 6: כתבו משפטים עם "כל" לפי הדוגמא.

דוגמא: כל מנהג, כל המנהגים
אני מנסה להבין כל מנהג שעליו אני שומעת, כי זה מעניין אותי.
ילדים אוהבים את כל המנהגים של הלואין (ליל כל הקדושים).

כל יום, כל היום

כל שבוע, כל השבוע

כל אישה, כל הנשים

כל שׂחקן, כל השׂחקנים

כל דת, כל הדתות

כל אחד, כולם

אחת המילים בעברית בשביל סופרמרקט היא "כל-בו." מאיפה באה המילה?

כל דבר, הכל

כל טקס, כל הטקסים

תרגיל 7: תרגמו לעברית את המשפטים.

1. He does not like anyone, but everybody likes him.
2. I usually celebrate New Year's with my family.
3. It is possible to live as a secular person but respect the religious culture.
4. It is impossible not to like the customs of this holiday.
5. Dan does not want anything from anyone, but everyone wants something from Dan.
6. You do not understand anything, yet you want everything.
7. Independence is important to all of us.

h2

הלוח העברי

השנים לפי הספירה המסורתית (מאז בריאת העולם) נקראות באותיות:

השנה (2015) לפי הלוח העברי היא תשע"ה או: ה' אלפים, תשע"ה (התשע"ה), ובמספרים 5,775, כי ת=400 ש=300 ע=70 ה=5, ה אלפים=5,000 וביחד 5,775.

בלוח העברי יש שנים עשׂר חודשים:

תִשרֵי חֶשוָן כִּסלֵו טֵבֵת שְבָט אֲדָר נִיסָן אִיָּר סִיוָן תָּמוּז אָב אֱלוּל

בכל חודש יש עשׂרים ותשעה או שלושים ימים. בלוח הירחי, המבוסס על זמן סיבוב הירח סביב כדור הארץ (חודש), יש שלוש מאות חמישים וארבעה ימים (שנים עשׂר חודשים, בכל אחד מהם עשׂרים ותשעה ימים, שתים עשׂרה שעות, ארבעים וארבע דקות, ו-2.9 שניות). בלוח השמשי, המבוסס על זמן סיבוב כדור הארץ סביב השמש (שנה), יש שלוש מאות שישים וחמישה ימים, חמש שעות, ארבעים ושמונה דקות, וארבעים ושש שניות. הלוח העברי, שהוא לוח משולב שמשי-ירחי, מתאם את שני המחזורים, כדי לשמור על זמן קבוע לחגים ומועדים לפי עונות השנה (למשל, פסח באביב). לפיכך, שבע פעמים במחזור של תשע עשׂרה שנים, יש שנה מעוברת (שנה עם חודש נוסף, אדר ב'): בשנה השלישית, השישית, השמינית, האחת-עשׂרה, הארבע-עשׂרה, השבע-עשׂרה, והתשע-עשׂרה. פעם בתשע עשׂרה שנים, התאריך העברי

והתאריך הכללי, המבוסס על הלוח השמשי, זהים או כמעט זהים (בהבדל של יום), אבל בדרך כלל יש הבדלים בין התאריכים, ובגלל זה נראה שהחגים העבריים נחגגים בזמנים שונים, למשל חנוכה לפעמים נחגג בדצמבר ולפעמים בנובמבר. (באמת, הוא נחגג באותו הזמן, אבל לפי התאריך העברי-- כה' בכסלו). לפי המסורת היהודית, כל יום ראשון של חודש ("ראש חודש") נחשב ליום טוב.

בעולם המערבי רוב האנשים משתמשים בלוח הכללי (הגרגוריאני). בלוח הזה יש שנים-עשר חודשים. בינואר, מרץ, מאי, יולי, אוגוסט, אוקטובר ודצמבר יש שלושים ואחד ימים. באפריל, יוני, ספטמבר ונובמבר יש שלושים ימים, ובחודש פברואר יש עשרים ושמונה ימים. כל שנה רביעית היא שנה מעוברת—שנה עם יום נוסף בחודש פברואר.

כשמדברים על אירועים שקרו לפני השנה הראשונה לספירה, משפמשים במילים "לפני הספירה" (או לפני ספירת הנוצרים, כיוון שהספירה מתחילה בשנה בה נולד ישו). למשל, קונפוציוס חי במאה השישית והחמישית לפני הספירה, (לפנה"ס) ואריסטו במאה הרביעית לפני הספירה.

הספירה המוסלמית מתחילה עם ה"הֶגְ'רָה", או המסע של הנביא מוחמד ממֶכָּה למְדִינָה בשנת 662 לפי הלוח הכללי. בלוח המוסלמי יש שנים עשר חודשים, ובכל אחד יש עשרים ותשעה או שלושים ימים. זהו לוח ירחי בן שלוש מאות חמישים וארבעה או שלוש מאות חמישים וחמישה ימים. בכל שלושים שנה יש תשע עשרה שנים עם שלוש מאות חמישים וארבעה ימים ואחת עשרה שנים עם שלוש מאות חמישים וחמישה ימים. השנה (2015 לפי הלוח הכללי) היא 1436 לפי הלוח המוסלמי.

✍ תרגיל 8: סמנו נכון (✓), לא נכון (✗), אי אפשר לדעת (?).

בלוח העברי יש שנה מעוברת כל ארבע שנים. ✓ ✗ ?

קונפוציוס חי במאה השישית לספירה. ✓ ✗ ?

הלוח המוסלמי הוא לוח ירחי. ✓ ✗ ?

הלוח הגרגוריאני (הלוח הכללי) הוא לוח שמשי. ✓ ✗ ?

2016 תהיה שנה מעוברת לפי הלוח הכללי. לפי הלוח העברי יהיה בשנה חודש אדר נוסף.

✓ ✗ ?

פרוייקטים לכיתה:

מצאו מהו התאריך העברי של יום ההולדת של כל סטודנט בכיתה. אפשר למצוא את הלוח העברי באינטרנט.

מצאו את התאריכים העבריים של החגים הבאים: ראש השנה, יום כיפור, סוכות, חנוכה, פורים, פסח, שבועות.

נושאים לכתיבה:

חג שאני אוהב/ חג שאני אוהבת

מנהגי יום העצמאות באמריקה

דברים שאני עושה כל יום

דברים שאף פעם לא עשיתי ואף פעם לא אעשה

שעונים: שעון חול, שעון שמש, שעון אטומי

דברים שאסור היה לי לעשות כשהייתי ילד/ דברים שאסור היה לי לעשות כשהייתי ילדה

אירועי תרבות באוניברסיטה ובעיר שלנו

מנהיגים גדולים בהיסטוריה

טקסים שאני אוהב/ טקסים שאני אוהבת

אני תמיד רואה את הכוס החצי מלאה (או החצי ריקה)

Holidays in America
חגים באמריקה

פעילות יוצרת:

עלון לקראת חג עם תמונות, סיפורים, מתכונים ואינפורמציה. אפשר לשכפל ולשלוח להורים ולחברים.

בעיר שלנו: סטודנטים מציירים שלטים לחגיגות יום העצמאות בעיר שהכיתה "בונה."

ביקור צפוי עם סוף לא צפוי צייר גיל זילכה

יחידה ו

vav 1 מילים חדשות

אוֹתוֹ הַדָּבָר	the same, the same thing
אָחוּז (ז.)	percent
בְּמֶשֶׁךְ	during
גְּבֶרֶת (נ.)	Mrs., madam, mistress
דּוֹמֶה	resembling, similar
דּוֹר (ז., ר. דורות)	generation
זֵהֶה	identical
חָלָשׁ	weak
כְּלָל (ז.)	generality, rule (noun)
כַּמּוּבָן	certainly, of course
כִּמְעַט	almost
מִבְנֶה (ז.)	structure (noun)
מַדְעָן (ז.)	scientist
מִקְרֶה (ז.)	occasion, occurrence, event
נַעֲשָׂה (להיעשות)	(be) made, (be) done, become
נִרְאָה (להיראות)	(be) seen, seem, look like
סִבָּה (נ., סיבה)	reason, cause (noun)
סִכּוּי (ז., סיכוי)	chance (noun)
עֵת (נ., ר. עִתים)	time (noun)
קִבֵּל (קיבל, לקבל)	receive, get
קִוָּה (קיווה, לקוות)	hope (verb)
קָרוֹב	close, near (adjective)

מה זה "מזל תאומים"? אילו עוד מזלות יש? מה זה ה"מזל" ב"מזל טוב"?

מהי "תורת הסיכויים" (או תורת ההסתברות)?

מה פירוש הביטוי "אותה הגברת בשינוי אדרת"?

▸תְּאוֹמִים (ז.)	twins
▸תּוֹרָשָׁה (נ.)	heredity
▸תְּכוּנָה (נ.)	trait, character

מה אתם יודעים על מגדלי התאומים בניו-יורק?

v1

אומרים שבמשך השנים אנשים שחיים ביחד נעשׂים דומים זה לזה. כך גם אומרים שכלבים פעמים רבות דומים לבעליהם. אפשר לראות ברחוב כלב שנראה כמו הגברת שלו. ואולי היא נראית כמוהו?

ילדים דומים להוריהם, ופעמים רבות נראים כמוהם. אחים ואחיות לעיתים קרובות דומים זה לזה. תאומים זהים נראים אותו הדבר או כמעט אותו הדבר. למה? הסיבה היא, כמובן, שתכונות עוברות בתורשה.

גֵיאוֹרג מנדל, נזיר ומדען אוסטרי שגילה במאה התשע-עשׂרה את כללי הגנטיקה, מצא שלכל תכונה (כמו צבע עיניים או סוג שׂערות) אנחנו מקבלים שני גנים, אחד מכל הורֶה. יש גנים חזקים (דומיננטיים) וגנים חלשים (רצסיביים). למשל, הגן לעיניים בצבע חום הוא דומיננטי, והגן לעיניים כחולות הוא רצסיבי. אם מישהו יקבל מהורה אחד גן לצבע חום ומהשני גן לצבע כחול, המבנה הגנטי שיקבע את צבע העיניים שלו יהיה "חום-כחול," והעיניים שלו יהיו חומות. אבל אם הוא יקבל שני גנים לצבע כחול, המבנה הגנטי שיקבע את צבע העיניים שלו יהיה "כחול-כחול," והעיניים שלו יהיו כחולות.

מה קורה אם נולדים ילדים להורים שהאחד בעל מבנה גנטי "כחול-כחול" והשני בעל מבנה גנטי "חום-חום"? ("בעל מבנה גנטי" זה כמו "יש לו מבנה גנטי")

	חום	חום
כחול	חום כחול	חום כחול
כחול	חום כחול	חום כחול

הטבלה למעלה מראה לנו שלכל אחד מהילדים יהיה מבנה גנטי "חום-כחול," ולכולם יהיו עיניים חומות. זה אומר שלמאה אחוז של הילדים (לכל הילדים) של ההורים האלה יהיו עיניים חומות.

	חום	כחול
חום	חום חום	חום כחול
כחול	חום כחול	כחול כחול

אם לשני ההורים יש מבנה גנטי "חום-כחול," הטבלה למעלה מראה שלושה מקרים של עיניים חומות ואחד של עיניים כחולות. זה אומר שלכל ילד של ההורים האלה יש 75% סיכוי לעיניים חומות, ו- 25% סיכוי לעיניים כחולות. "חום-כחול" ו"חום-חום" אומרים שניהם שלילדים יש אותו צבע העיניים, חום, אבל המבנה הגנטי שלהם שונה.

	חום	כחול
כחול	חום כחול	כחול כחול
כחול	חום כחול	כחול כחול

מה יקרה בדור הבא, למשל, אם לשני הילדים האלה ("חום-כחול" ו"חום-חום") יהיו ילדים עם מישהו בעל מבנה גנטי "כחול-כחול"?

במקרה אחד (למעלה) יהיו לכל ילד 50% סיכוי לעיניים חומות או כחולות. במקרה שני (למטה) יהיו לכל הילדים עיניים חומות (100% סיכוי לעיניים חומות).

	חום	חום
כחול	חום כחול	חום כחול
כחול	חום כחול	חום כחול

תרגיל 1: סמנו נכון (✓), לא נכון (✗), אי אפשר לדעת (?).

ילדים תמיד נראים כמו ההורים שלהם. ✓ ✗ ?

מנדל חי במאה התשע עשרה לפני הספירה. ✓ ✗ ?

למישהו עם מבנה גנטי חום-כחול יכולות להיות עיניים חומות או כחולות. ✓ ✗ ?

למישהו עם עיניים חומות יש מבנה גנטי חום-חום. ✓ ✗ ?

שאלות הבנה:

מי היה גיאורג מנדל?

מה הסיבה לכך שאנשים באותה המשפחה לעיתים קרובות דומים זה לזה?

איך אפשר להגיד במילים אחרות "יש לכל ילד חמישים אחוז סיכוי לעיניים חומות"?

איך עוברות תכונות בתורשה?

שאלות הרחבה:

מה זה "גנטיקה"?

האם אתם יודעים על עוד תכונות שעוברות בגנים דומיננטיים או רצסיביים?

מה אתם יודעים על הגן לתאי-זקס?

מהו גן הבראקה? (BRCA)

ספרו על המשפחה שלכם: מי דומה למי, ובאילו תכונות?

מה אתם יודעים על הנדסה גנטית? מי היתה "דולי" הכבשה המשֻׁבֶּטֶת? אילו בעיות, אתיות ואחרות, יש עם הנדסה גנטית?

טריווייה: באיזה סרט היו לאישה אחת ארבעה "בעלים"—אחד אמיתי ושלושה אחרים

מִשֻׁבָּטִים? מה היו התכונות של כל אחד מהבעלים המשובטים? (רמז: הסרט הוא מ-1996, והשחקן הראשי היה מייקל קיטון)

☺☺ תרגיל בשיחה:

ספרו על דורות במשפחה שלכם, ועל איך שאנשים נראים.

ספרו על תכונות שאתם אוהבים או לא אוהבים.

הביאו תמונות לכיתה ודברו על מבנה הגוף של חיות ואנשים (למשל, גורילה ואדם, אריה וחתול)

דברו על הסיכוי לגשם השבוע ובשבוע הבא.

ספרו על מקרה טוב או לא טוב שקרה לכם.

ספרו על מישהו חלש מאוד או חזק מאוד שאתם מכירים.

ספרו על דברים שאתם עושים לעיתים קרובות (או לעיתים רחוקות)

✍ תרגיל 2: קצת מתימטיקה.

אם בכיתה יש שישים סטודנטים, ארבעים אחוז מהם בנים ושישים אחוז בנות, כמה בנים וכמה בנות יש בכיתה?

אם קניתי מכונית בעשרים אלף דולר ומכרתי אותה בשנים עשר אלף, כמה אחוזים הפסדתי?

אם במרק יש מאה וחמישים קלוריות, שלושים מהן מִשֻּׁמָּן, מה אחוז הקלוריות שבאות משומן?

✍ תרגיל 3: השלימו את המשפטים עם "סיכוי."

יש סיכוי ש...____.

יש סיכוי קטן ש...____________________________________.

אין סיכוי ש...____.

יש סיכוי גדול ש...____________________________________.

יש סיכוי לגשם..._____________________________________.

אין לאף אחד סיכוי..._________________________________.

אין לי סיכוי לנצח, אבל..._____________________________.

משהו על מילים:

כשרוצים להגיד שמישהו מאוד בסדר, אומרים "הוא מאה אחוז!"

תרגיל 4: השלימו את המשפטים.

(שימו לב: בעברית אפשר להגיד גם "מאה אחוז" וגם "מאה אחוזים")

1. ארבעים הם _____ אחוז משמונים.

2. קניתי חולצות במכירה ושילמתי מאתיים דולר במקום מאתיים וחמישים. ההנחה שקיבלתי
היתה של _____ אחוז.

3. לקחתי בבנק הלוואה של עשרת אלפים דולר ואחרי שנה שילמתי אחד עשר אלף כשהחזרתי
את ההלוואה. ההלוואה היתה בריבית של _____ אחוז.

§6.1 Future tense and modal verbs

Modal verbs like *want, wish,* or *hope* are often used with infinitives:

אני רוצה לכתוב מכתב.

אני מקווה לראות אותך היום.

If, however, a clause containing such verbs combines with a dependent clause to create a complex sentence, the verb in the dependent clause must be in the future tense, as, relative to the act of "wishing" or "wanting," the action in the dependent clause is supposed to take place in the future:

אני רוצה שאתה תכתוב מכתב.

אני מקווה שאת תבואי אלי.

The verb in the dependent clause must be in the future tense, irrespective of the tense of the verb in the main clause. Study the following examples:

(משפטים פשוטים)

אני מבקשת לראות אותך מחר בחמש.

ביקשתי לראות אותך בחמש.

אבקש לראות אותך בחמש.

(משפטים מורכבים)

אני מבקשת שאת תבואי לראות אותי מחר בחמש.

ביקשתי שתבואי לראות אותי בחמש.

אני אבקש שתבואי לראות אותי בחמש.

(משפטים פשוטים)

אני רוצה לגמור את העבודה מהר.

רציתי לגמור את העבודה מהר.

ארצה לגמור את העבודה מהר.

(משפטים מורכבים)

אני רוצה שתגמור את העבודה מהר.

רציתי שתגמור את העבודה מהר.

ארצה שתגמור את העבודה מהר.

(משפטים פשוטים)

אני מקווה לנצח במשחק.

קיוויתי לנצח במשחק.

אקווה לנצח במשחק.

(משפטים מורכבים)

אני מקווה שהם ינצחו במשׂחק.

קיוויתי שהם ינצחו במשׂחק.

אני אקווה שהם ינצחו במשׂחק.

Sentences with *to have* may be confusing for learners—note the second sentence in the pair of complex sentences below, parallel to the English "*I hope to have a quiet day*":

(משפטים מורכבים)

אני מקווה שהיום יהיה שקט.

אני מקווה שיהיה לי יום שקט.

A similar requirement for a future-tense verb in the subordinate clause exists for sentences using *so that*, כדי ש-:

באתי לדבר איתך כדי להגיד לך משהו.

באתי לדבר איתך כדי שתביני משהו.

✋ Note the structure that literally translates as "<u>I want</u> that <u>they will win</u> the game," which parallels the English "I want them to win the game." Learners who are English speakers often produce sentences like

אני רוצה אותם לנצח במשחק. (לא נכון!)

Such a sentence is not allowed in Hebrew. The change of subject in the sentences requires subordination (<u>I</u> hope, but <u>they</u> will win the game) and the use of ש- as a marker of subordination.

The use of the future tense for future actions will be further discussed at the end of this unit in the context of conditional sentences.

✍ תרגיל 5: השלימו את המשפטים.

1. קיווינו ש... _____

2. היא רצתה ש... _____

3. אנחנו מקוות ש... _____

4. ביקשתי ש... _____

5. הוא ירצה ש... _____

6. היא כתבה לנו מכתב כדי ש... _____

7. ביקרנו אותם כדי ש... _____

✍ תרגיל 6: תרגמו לעברית את המשפטים.

Note: Only <u>one</u> of the sentences below does not require subordination. So before you start, you may want to identify the sentence where there is <u>no change of subject</u>. Sentences 7 and 8 do require subordination because of the special structure of "to have" in Hebrew.

1. I want to come here, but I also want you to come here.

2. I hope that she wins!

3. I ask that you use the dictionary for this exercise.

4. She wanted me to be her friend.

5. We asked them to speak quietly.

6. We will write them a long letter so that they will know what to do.

7. I want to have three children.

8. She wanted to have many friends.

תרגיל בשיחה: ☺☺

עבדו בזוגות. שאלו זה את זה שאלות וענו לפי הדוגמאות הבאות:

מה אתה רוצה? אני רוצה שתגיד לי מה לעשות.

מה את מקווה? אני מקווה שתבואי לבקר אותי מחר.

למה את יושבת כאן? אני יושבת כאן כדי שהמורה לא תראה אותי.

§6.2 Future tense, "ef'al" verbs

In the earliest stages of the language, the Qal pattern had a separate inflection for stative verbs (that is, verbs denoting a state rather than an action, like רעב *be hungry*), whose present and future tense forms were as follows:

הווה: רָעֵב רְעֵבָה רְעֵבִים רְעֵבוֹת

עתיד: אֶרְעַב תִּרְעַב תִּרְעֲבִי יִרְעַב תִּרְעַב נִרְעַב תִּרְעֲבוּ תִּרְעַבְנָה יִרְעֲבוּ תִּרְעַבְנָה

Compared to active verbs, these verbs had a different vowel sequence in the present tense (**a-e** instead of **o-e**) and a typical final vowel **a** (instead of **o**) in the future tense. The two categories of verbs have merged, but some verbs still have the **a-e** vowel sequence in the present tense, and others have the **a** vowel in the future-tense inflection. The latter are referred to as אֶפְעַל verbs, as opposed to the majority of the verbs in Qal that are referred to as אֶפְעוֹל verbs. Most of the אֶפְעַל verbs have א, ח, or ע as second or third root consonant, which explains the coloring of the final vowel to **a**. Others, however, like למד, לבש, and רכב, do not have one of these consonants in second or third position but still maintain the **a** vowel in the future tense. Study the following examples:

אשמַע תשמַע תשמְעִי ישמַע נשמַע תשמְעוּ

אשׂמַח תשׂמַח תשׂמְחִי ישׂמַח נשׂמַח תשׂמְחוּ

אלמַד תלמַד תלמְדִי ילמַד נלמַד תלמְדוּ

אקרָא תקרָא תקרְאִי יקרָא נקרָא תקרְאוּ

אלבַּש תלבַּש תלבְּשִי ילבַּש נלבַּש תלבְּשו

מה אתם יודעים על "קריאת שמע"?

תרגיל 7: כתבו בעתיד, והבחינו בין פעלים ב"אפעול" וב"אפעל". כתבו צורות אפעול עם ויו (לדוגמא: אשמור)

שמחתי ______________________

אנחנו שומעות ______________________

שׂבענו ______________________

הוא פתח ______________________

למדתָ ______________________

הוא שולט ______________________

היא שוכחת ______________________

חזרנו ______________________

אתה תובע ______________________

היא בקעה ______________________

אתה בורח ______________________

גנחתי ______________________

מסרנו ______________________

Future tense III
זמן עתיד 3

השיר "ישמח משה" הוא פאראפראזה על פיוט באותו השם. הלחין את השיר ג'ו עמר. מה אתם יודעים על ג'ו עמר ועל השיר? מה זה פיוט?

§6.3 The root and word families

In Hebrew, as in other Semitic languages, the consonantal root carries the basic meaning of a word, and the affixes add nuances of meanings. In the verb system, the Qal pattern typically carries the basic meaning of the root, and other patterns carry other meanings. For example, the Hitpa'el pattern often carries reciprocal or reflexive meanings. The Nif'al usually carries reflexive or passive meanings. The Hif'il often carries causative meaning, the Pu'al is the passive of the Pi'el, and so on. Each verb pattern has one or more noun patterns that correspond to it, like the P'ila for the gerund of the Qal pattern (כתיבה-- כתב). Observations of such correspondences and meanings should allow learners of Hebrew as a foreign language to increase their vocabulary and be able to either recognize or create words based on generalizations and patterns associated with word families. For example, if a student knows that אכל means *he ate*, there should not be a difficulty in deducing that האכיל means *he caused someone to eat = he fed (someone)*. One can guess that if התחיל means *he began*, then התחלה means *beginning*, and so on.

Most Hebrew dictionaries list words in their actual form, not according to their root. Some, however, list together all the words that are derived from the same root, which can serve as a good illustration of word families.

In the following exercise, you will observe the relationships between words within several word families. Some of the words are presented in commonly used phrases.

תרגיל 8: משפחות מילים-- מצאו במילון את המילים שאתם לא מכירים, וכתבו משפטים עם כל מילה. כשאפשר, השתמשו בכמה מילים מאותו השורש במשפט. הוסיפו שתי מילים מאותה המשפחה לכל משפחת מילים.

דוגמא: אני נולדתי ברוסיה, אבל הילד שלי נולד בישראל והוא דובר ילידי של עברית.

שורש: י.ל.ד

יֶלֶד

נוֹלַד

הוֹלִיד

יום-הֻלֶּדֶת

שנַת-לֵדָה

יָלִיד

דּוֹבֵר יְלִידִי

מה אתם יודעים על חג המולד? למה יש חגיגות גדולות בחג המולד בבית-לחם?

לפי הסיפור המקראי, רבקה ילדה שני בנים תאומים. מי הם היו?

מתי נולדה דונה גראציה נשיא ואיפה? מה אתם יודעים עליה ועל המשפחה שלה?

מצאו שירי יום-הולדת מישראל והביאו אותם לכיתה.

שורש: כ.ת.ב

כָּתַב

נִכְתַּב

הִכְתִּיב

הִתְכַּתֵּב

כְּתִיבָה

הַכְתָּבָה

הִתְכַּתְּבוּת

שִׁכְתֵּב

שִׁכְתּוּב

Word Families
משפחות מילים

שורש: צ.ח.ק

צָחַק

הִצְחִיק

הִצְטַחֵק

צחוֹק

לפי הסיפור המקראי, מה האטימולוגיה של השם יצחק?

מצאו את השיר של לאה גולדברג "מדוע הילד צחק בחלום." מה הצחיק את הילד?

שורש: ס.ג.ר

סָגַר

נִסְגַּר

הִסְגִּיר

הֻסְגַּר

הִסְתַּגֵּר

סְגִירָה

הַסְגָּרָה

הִסְתַּגְּרוּת

סֶגֶר

מתי אומרים על מישהו שהוא "סתגרן"?

ב-2014 צרפת הסגירה את המחבל מהדי נמוש לבלגיה. מה היה הרקע להסגרה?

שורש: ר.ג.ז

רָגַז

הִרְגִּיז

הִתְרַגֵּז

רַגְזָן

מצאו את השיר "רוגז" של מרים ילן שטקליס. על מה השיר?

ילדים לפעמים אומרים "שולם שולם לעולם ברוגז ברוגז אף פעם." מה הקונטקסט?

שורש: ק.ד.מ

קָדַם

קִדֵּם

קִדּוּם

קוֹדֵם

הִקְדִּים

הֶקְדֵּם

הִתְקַדֵּם

דְּמֵי-קְדִימָה

קָדוּם

הַקְדָּמָה

הִתְקַדְּמוּת

מֻקְדָּם

קֹדֶם

קֶדֶם

מהי "רוח קדים"? מהי המילה העברית המודרנית? מה האטימולוגיה של המילים?

ב"התקווה," ההמנון הלאומי של ישראל, נאמר "ולפאתי מזרח קדימה, עיין לציון צופייה." מה זה ה"קדימה"? מאיפה באה המילה?

מהו הביטוי "הקדים תרופה למכה"? הביאו כמה דוגמאות של הקדמת תרופה למכה.

מי כתב את "קדמוניות היהודים"? באיזו שפה? מה אתם יודעים עליו?

תרגיל 9: עבדו עם מילון.

חפשׂו במילון אבן-שושן, ברשימת השורשים (בסוף הכרך השלישי, או בסוף המילון), ומצאו שני שורשים מעניינים. כתבו את המילים שבאות מכל שורש, ואת המשמעות של כל מילה. את כל המילים שבאות מהשורש כ.נ.ס ואת המילים שבאות מהשורש BDB חפשׂו ב- י.ד.ע (כתבו רק מילה אחת מכל בניין).

אברהם אבן-שושן חיבר את <u>המילון החדש</u> (מילון עברי, שיצא בהוצאת קריית ספר, ירושלים, ב-
1966.) כמה מהדורות הופיעו בשלושה כרכים, ומהדורות אחרות הופיעו בכרך אחד גדול.
BDB is the nickname of a major reference work: *A Hebrew and English*
Lexicon of the Old Testament, compiled by F. Brown, S. R. Driver, and C. A.
Briggs (Oxford: Clarendon Press, 1906, many reprints)

§6.4 Sameness

Sameness is expressed with the inflected direct object marker: אותם ,אותה ,אותו, and אותן.

התאומים לובשים אותם הבגדים כשהם הולכים לבית הספר, וקשה לדעת מי הוא מי.

הלכנו לראות אותו הסרט שלוש פעמים.

מיכאל ואני נקנה נעליים באותה החנות.

היא תמיד שואלת אותן השאלות.

Native speakers often use את in such sentences in addition to the inflected marker:

התאומים לובשים את אותם הבגדים.

הלכנו לראות את אותו הסרט שלוש פעמים.

> אחד השירים הידועים של נעמי שמר
> הוא "אנחנו שנינו מאותו הכפר." על מה
> השיר?

The same in itself is expressed as *the same thing*, אותו הדבר

מה נשמע? אותו הדבר.

> The same
> אותו הדבר

⌨ תרגיל 10: השלימו את המשפטים עם מילה מתאימה.

1. תמיד הוא אומר אותם ה_____.

2. אני לא רוצה ללבוש אותן ה_____ כל יום.

3. הן ישירו באותה ה_____.

4. עבדנו עם אותם ה_____ שלוש שנים.

5. הם נראים אותו ה_____.

6. נבוא מאותה ה_____.

📝 תרגיל 11: כתבו משפט משלים לפי הדוגמא.

דוגמא: התחלתי ללמוד ביום שני וגם הוא התחיל ללמוד ביום שני. <u>התחלנו ללמוד באותו היום.</u>

1. ביקרנו במקום וגם הם ביקרו בו _____.

2. נתראה עם האנשים וגם הן יתראו איתם _____.

3. הם יסעו למלון שרתון וגם הן יסעו למלון הזה _____.

4. חזרנו ממשחק הכדורסל וגם הם חזרו ממנו _____.

5. הרגשתי רע בשעה שלוש וגם היא הרגישה רע אז _____.

6. היא תישאר בחדר וגם הוא ישאר בו _____.

📄 מילים חדשות *vav 1(continued)*

if (past, wish)	לוּ, אִלּוּ (אילו)
if not (past)	לוּלֵא

§6.5 Conditional sentences

Conditional sentences are formulated in the present tense when they represent
generalizations that are relevant at any time.

אם יש לך כסף, אתה יכול לקנות מה שאתה רוצה.

Other conditions, however, may be formulated in the past or in the future tense, depending
on their context.

Sentences referring to the future will have verbs in both the protasis ("if" part) and the
apodosis ("then" part) in the future tense:

אם לא תקומי בזמן, לא נרוץ ביחד.

אם לא תנעל את הנעליים החדשות, לא תתרגל אליהן.

Related in structure are sentences with *when,* כש-. In both parts of the sentence
the verb maintains the same tense:

כשבאנו לישראל, לא ידענו לדבר עברית. (עבר)

כשאנחנו נכנסים לביית שלו, הוא מבשל בשבילנו אוכל טוב. (הווה)

כשתבואו לבקר אותנו, נטוס בייחד לאילת. (עתיד)

כשיהיו לנו ילדים, נקום מוקדם בבוקר. (עתיד)

English speakers may experience difficulties with Hebrew sentences expressing
contingencies related to the future, because in English the "when" or "if" part is expressed
in the present tense:

When we **come** to visit you, we **will** all **fly** to Eilat.

If she **comes** to our house, we **will be** happy.

The Hebrew sentence has the following structure: Whatever is to happen in the future time,
will be expressed in the future tense. This principle was also demonstrated in §6.1 above.
One type of conditional sentence that always has its protasis in the past tense is a sentence
referring to a condition that was not met (as in "Had you come to the party, you would have
seen my uncle," which implies that you did not come and therefore did not see my uncle).
The protasis includes the particle לוּ or לוּלֵא, and the common way of expressing the
apodosis is a combination of היה in the past tense and the participle (present tense) of the
verb:

לו באת למסיבה בזמן, היית רואה אותו. (אבל אתה לא באת למסיבה בזמן, ובגלל זה לא ראית אותו.)

לולא רצת, לא היית נפצעת. (אבל את רצת, וכיוון שרצת נפצעת.)

The combination of היה in the past tense and a verb in the present tense is also used to
express a polite request or a wish:

הייתי רוצה לדעת מה באמת קרה.

הייתי רוצה לנסוע לאירופה הקייץ, אבל אין לי כסף.

היינו רוצים לדעת אם יש לנו גנים לתאי-זקס, אבל אנחנו פוחדים לבדוק את זה.

בשיר "לו הייתי רוטשילד" מהמחזמר *כנר על הגג*, טוביה חושב: (בגירסה העברית של דן אלמגור)

לו הייתי רוטשילד...

לו הייתי איש עשיר...

אז הייתי נח קצת...

הייתי אז בונה לי בַּיִת מאבן...

תרגיל 12: השלימו את המשפטים.

1. אם היא תבוא לבית שלנו,______________________________
2. לולא שמענו מה שהם אמרו,____________________________
3. לו הסתכלת בטלוויזיה,_______________________________
4. לולא קראתי את הספר, לא_____________________________
5. לולא נפצעתי,_____________________________________
6. לולא עצרנו בדרך לירושלים,___________________________
7. אם יש לכם כסף,____________________________________
8. כשהם באו לראות אותנו,______________________________
9. כשמוצאים זמן לעבוד,________________________________
10. כשנגור באמסטרדם,________________________________

תרגיל בשיחה: ☺☺

אתם צריכים לשאול זה את זה שאלות כמו:

מה היית עושה לו ידעת שמחר לא יפתחו את האוניברסיטה?

מה היית עושה לו היית רוטשילד?

מה היית עושה לו היית בן/בת עשׂרים בזמן מלחמת ויאטנאם?

מה היית עושה לו היית לבדך על אי באמצע האוקיאנוס? את מי היית רוצה לקחת איתך לאי כזה, ולמה?

מה היית רוצה לקבל ליום ההולדת שלך?

מה תעשה אם לא יהיו לימודים מחר?/מה תעשי אם לא יהיו לימודים מחר?

היית רוצה להיות מדען?/היית רוצה להיות מדענית? למה כן, או למה לא?

נושאים לכתיבה:

דברים שאני עושה לעיתים קרובות, ודברים שאני עושה לעיתים רחוקות.

דברים שאני מקווה שיקרו.

תכונות חזקות וחלשות של אנשים.

הסיבות למלחמות בעולם.

משהו שקורה עכשיו שמאוד דומה למשהו שקרה בהיסטוריה.

לו היה לי הרבה זמן...

אני תמיד עושה אותה הטעות...

מה היה קורה לולא מצא לואי פסטר את החיסון לכלבת.

פלאי הדמיון! צייר גיל זילכה

יחידה ז

zayin 1 מילים חדשות

אָגָם (ז.)	lake
אוֹקְיָאנוּס (ז.)	ocean
אִי (ז.)	island
בֵּין	between
הים הַתִּיכוֹן (ז.)	the Mediterranean
הֲכִי	(the) most
חֲצִי אִי (ז.)	peninsula
יַבֶּשֶׁת (נ.)	continent
יוֹתֵר	more
מִדְבָּר (ז., ר. מִדְבָּרִים/מִדְבָּרִיּוֹת)	desert (noun)
מֶלַח (ז.)	salt
מִתַּחַת, תַּחַת	underneath, beneath, below
נָהָר (ז., ר. נְהָרוֹת)	river
נִשְׁפַּךְ (להישפך)	(be) spilled/poured; fall (river)
פָּחוֹת	less
רָבוּעַ, מְרֻבָּע (מרובע)	square, squared (adjective)
שֶׁטַח (ז.)	area

מה אתם יודעים על "האגמים הגדולים" בצפון אמריקה?

מה אתם יודעים על מפלי האיגואסו? מאיפה באה המילה "מפל" או "מפל מיים"?

לאן נשפך נהר הירדן? לאן נשפך הנילוס?

אילו איים יש בים התיכון? מהו האי הכי גדול? מה אתם יודעים עליו?

z1 קצת גיאוגרפיה:

היבשות בעולם: אוסטרליה, אירופה, אמריקה הצפונית, אמריקה הדרומית, אנטארקטיקה, אסיה, ואפריקה.

היבשת הכי קטנה היא אוסטרליה-- השטח שלה מעל לשבעה וחצי מיליון קילומטרים רבועים.

האי הכי גדול בעולם הוא גרינלנד. השטח שלו מעל ל-2.1 קילומטרים רבועים. רוב האי מכוסה קרח. (אי יותר גדול הוא אוסטרליה, אבל מדברים עליו כעל יבשת).

ההר הכי גבוה בעולם הוא האוורסט שנמצא בגבול בין נפאל לסין. הגובה שלו שמונת אלפים שמונה מאות וחמישים מטרים (או קרוב לכך).

המקום הכי נמוך בעולם נמצא בים המלח. החלק הצפוני של ים המלח הוא יותר משבע מאות מטרים מתחת לפני הים.

שני הנהרות היותר גדולים בעולם הם האמזונס, שעובר לרוחב דרום אמריקה ונשפך לאוקיאנוס האטלנטי, והנילוס, שעובר בסודן ובמצריים ונשפך לים התיכון.

האגם הגדול ביותר בעולם הוא הים הכספי, הנמצא בין רוסיה לבין איראן. השטח שלו שלוש מאות שבעים ואחד קילומטרים רבועים.

המדבר היותר גדול בעולם הוא מדבר סהרה, הנמצא בצפון אפריקה. השטח שלו קרוב לתשעה מיליון קילומטרים רבועים.

חצי-האי הכי גדול בעולם הוא חצי האי הערבי (או חצי האי ערב). השטח שלו הוא קרוב לשניים וחצי מיליון קילומטרים רבועים.

הים התיכון יותר גדול מהים האדום, אבל יותר קטן מהים הכַּסְפִּי. הוא נמצא בין דרום אירופה לבין צפון אפריקה.

שאלות הבנה:

איזו יבשת הכי קטנה?

איזה אי הכי גדול?

מהם הנהרות היותר גדולים בעולם?

איזה ים יותר גדול: הים האדום או הים הכספי?

איפה נמצא המקום היותר נמוך בעולם?

איזה חצי אי הוא הגדול בעולם?

מהו ההר הכי גבוה בעולם? מה הגובה שלו ואיפה הוא נמצא?

קילומטר אחד הוא 0.6 מייל, ומייל אחד הוא 1.6 קילומטרים.

מצאו באינטרנט: מהו האורך של ישראל מצפון לדרום? מהו השטח של ישראל? השתמשו בקילומטרים ובמיילים.

שאלות הרחבה:

איזו מדינה הכי גדולה בארצות הברית? מה אתם יודעים עליה?

איזו מדינה הכי קטנה בעולם?

באיזו עיר בארצות הברית יש הכי הרבה תושבים?

איפה יש הכי הרבה רעידות אדמה? למה? איפה היתה רעידת אדמה גדולה ב-2015?

מהם הרי הגעש היותר ידועים? איפה הם נמצאים?

z2

הקשיבו לקטע הבא וקראו אותו. נסו להבין אותו מתוך הקונטקסט, השמות, והמילים השאולות.

במרץ 2011 הכתה רעידת אדמה חזקה (8.9 בסולם ריכטר) באיזור סמוך לעיר סנדאי שבצפון מזרח יפן. היא גרמה לגלי צונאמי בגובה של ארבעה מטרים ויותר שהציפו את האיזור וגרמו למותם של קרוב לעשרים אלף אנשים ולנזקים כבדים. גלי הצונאמי הגיעו עד לצפון מערב ארצות הברית.

בין המבנים שנפגעו היה הכור האטומי בפוקושימה, דרומית לסנדאי וצפונית לעיר הבירה טוקיו. הנזק לכור היה כבד, והתקבלה החלטה לפנות את התושבים ברדיוס של עשרים קילומטר מהכור. עד היום לא ברור מה גודל הנזק מהקרינה הרדיואקטיבית שהשתחררה מהכור. בשנת 2014 הופיע סרט דוקומנטארי של הבימאית הישראלית מיכל קפרא, "שלושים ושישה מבטים על פוקושימה," בו היא מספרת על המאבק של התושבים עם הפחד התמידי מהקרינה באוויר ובמזון ועם ההרגשה שהממשלה היפנית לא עושה מספיק כדי להתמודד עם האסון והתוצאות הקשות שלו.

תרגיל 1: סמנו נכון (✓), לא נכון (✗), אי אפשר לדעת (?).

הצונאמי בא אחרי רעידת האדמה. ✓ ✗ ?

פוקושימה נמצאת צפונית לסנדאי. ✓ ✗ ?

הקרינה הרדיואקטיבית מהכור בפוקושימה הגיעה עד לטוקיו. ✓ ✗ ?

התושבים באיזור הכור פוחדים מהקרינה. ✓ ✗ ?

תרגיל 2: כתבו את שם היבשת.

ארץ	יבשת
ארצות הברית	*אמריקה הצפונית*
קנדה	
מכסיקו	
דרום אפריקה	
ניגריה	
סומליה	
פורטוגל	
ספרד	
צרפת	
גרמניה	
איטליה	
אנגליה	
רוסיה	
פולין, פולניה	
סין	
הודו	
יפן	
אוסטרליה	
תורכיה	
אירן	
עיראק	
סוריה	
מצריים	
לבנון	
ירדן	

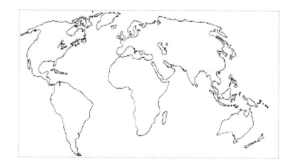

סמנו את היבשות במפה!

§7.1 Comparison sentences

Comparison sentences, משפטי השוואה, use the adverbs יותר and פחות to indicate differences in degree, quality, etc.:

יש לנו פחות זמן מאשר לכם.

ההורים שלו יותר מבוגרים מההורים שלי.

יוסטון יותר גדולה מאוסטין.

חיים מדבר עברית יותר מהר מחנה.

הסמסטר אני אעבוד פחות קשה מאשר בסמסטר שעבר.

The preposition מ- is used in combination with both adverbs and adjectives. In the formal language, if it needs to be prefixed to another preposition, the subordinate particle אשר is introduced to separate the two:

יש בניו-יורק יותר אנשים **מ**אשר **ב**דאלאס (בשפה המדוברת: יש בניו יורק יותר אנשים **מב**דאלאס).

יהיה לנו פחות זמן **מ**אשר **לכם** (בשפה המדוברת: יהיה לנו פחות זמן **מלכם**).

The preposition מ- is a contracted form of מן, which is sometimes retained in full in front of the definite article, especially in the formal or written language:

אני באה **מן ה**רחוב עכשיו.

In its inflected form, the preposition looks like a single or duplicated מנ with its נ assimilated:

מנ+מנ+ני = מִמֶּנִּי

מנ+כם/כן = מִכֶּם/ מִכֶּן (ובשפה המדוברת לפעמים מִמְּכֶם/ מִמְּכֶן)

מִמֶּנִּי מִמְּךָ מִמֵּךְ מִמֶּנּוּ מִמֶּנָּה מִמֶּנּוּ/מֵאִתָּנוּ מִכֶּם מִכֶּן מֵהֶם מֵהֶן

The form מִמֶּנּוּ can mean both "from us" and "from him." To distinguish between the two, another form, מֵאִתָּנוּ, is often used for "from us."

In the formal language, expressions involving the Hebrew parallel of "more" or "less" may use an adjective or an adverb without יותר/פחות but with מ-:

אוקלהומה **קטנה מ**טקסס **וגדולה מ**אוהיו.

הם ירוצו **מהר מ**איתנו!

תרגיל 3: השלימו את המשפטים לפי הדוגמא.

דוגמא: אולי אקבל מכתב מדוויד השבוע. אולי אקבל ממנו מכתב.

1. שמעתם משהו מהדודה שלכם? ______________________________

2. אני באמת לא יודעת מה אתם רוצים ממני ומהחברים שלי.

____

3. אבקש מדינה את הספר שלה. ______________________________

4. לא ארצה לקחת מרינה וממשה את המכונית שלהם.

____

5. אני מקווה שתקבלו מכתב מההורים שלכם.

____

תרגיל 4: כתבו משפטי השוואה לפי הדוגמא.

דוגמא: לי יש שלושה חתולים ולה יש שניים. לי יש יותר חתולים מאשר לה (או לה יש פחות חתולים מאשר לי.)

1. בחדר שלי יהיו שני חלונות ובחדר שלו יהיו ארבעה.

____

2. יש באטלנטה קרוב לארבעת אלפים תושבים למייל רבוע, ובממפיס קרוב לאלפיים.

____

3. הר החרמון הוא בגובה של אלפיים שמונה מאות מטרים, והר התבור בגובה של כחמש מאות ושמונים מטרים.

____

4. הטמפרטורה הממוצעת באילת ביולי היא 39.9 מעלות צלסיוס, ובירושליים היא 23.3 מעלות צלסיוס.

____

5. כולנו נפגשנו, אבל היא ביקשה ממני לבוא בשלוש ומהם לבוא בארבע.

____

§7.2 Participles and other adjectives

You already know many adjectives, and are aware of their agreement in gender and number with the nouns they modify (and in definiteness when they combine in phrases). To review some adjectives that you are familiar with, go through exercise 5.

תרגיל 5: מצאו את הניגודים בשמות התואר למטה.

בהיר	ארוך
גבוה	בריא
חולה	גדול
טרי	חם
כהה	ישן
משעמם	מעניין
עצוב	נמוך
קצר	קטן
שמח	קר

zayin 2 מילים חדשות

other, different	◄אַחֵר (נ. אחרת)
dry (adjective)	◄יָבֵשׁ (נ. יבשה)
late	◄מְאֻחָר (מאוחר, נ. מאוחרת)
old, grown-up	◄מְבֻגָּר (מבוגר, נ. מבוגרת)
early	◄מֻקְדָּם (מוקדם, נ. מוקדמת)
young	◄צָעִיר (נ. צְעירה)
fat (adjective)	◄שָׁמֵן (נ. שְׁמנה)

A note on the feminine forms of adjectives:

Feminine forms of adjectives usually take the ending ‏ָה- :

בהיר-בהירה צעיר-צעירה יבש-יבשה מצחיק-מצחיקה

In adjectives related to the verb patterns Pi'el, Pu'al, Huf'al, and Hitpa'el, the feminine form usually takes the ending ֶ-ת:

מעניין-מעניינת (פיעל)

מוקדם-מוקדמת (הופעל)

מבוגר-מבוגרת (פועל)

מצטיין-מצטיינת (התפעל)

Like the four adjectives above, many adjectives are actually verb participles (present tense forms). You are already familiar with a good number of participles that denote a state and are derived from the verb pattern Pa'al:

זָקֵן-זְקֵנָה עייף-עייפה רעב-רעבה צמא-צמאה שמח-שמחה

וכמוהם : יָבֵש-יְבֵשָׁה שמן-שמנה

The vowel change in the first syllable of the feminine and plural forms is consistent in all these participles, and is precipitated by the stress shift to the last syllable:

יָבֵשׁ יְבֵשָׁה יְבֵשִׁים יְבֵשׁוֹת

The same vowel change can be observed in the passive participles of the Pa'al pattern, which exhibit the same stress shift:

סָגוּר סְגוּרָה סְגוּרִים סְגוּרוֹת

עָצוּב עֲצוּבָה עֲצוּבִים עֲצוּבוֹת

תרגיל 6: מהי צורת הנקבה של שמות התואר הבאים?

מספיק__________ מפורסם__________

פשוט__________ טָרִי__________

מסובך__________ מוצלח__________

מָלֵא__________ שבור__________

מדובר__________ מדוברת__________

תרגיל 7: כתבו עשׂרה משפטי השוואה עם שמות התואר מתרגיל 5, לפי הדוגמא.

*דוגמא: השמלה שלי יותר **קצרה** מהשמלה שלך.*

§7.3 The superlative

The superlative may be expressed in Hebrew in a number of ways. The simplest one is with the definite article, much like the emphasized "the" in English ("He is the writer of fiction").

דוויד הוא **ה**צעיר במשפחה.

Two combinations with יותר are also used:

דוויד הוא **היותר** צעיר במשפחה.

דוויד הוא הצעיר **ביותר** במשפחה.

Superlatives can be formed with -מ:

דוויד רץ מהר **מ**כולנו.

היא היפה **מ**כולן.

The particle that is most frequently used for the superlative in the spoken language is הכי:

דוויד הוא **הכי** צעיר במשפחה.

שאול הילד **הכי** מבוגר במשפחה.

With adverbs, the superlative is mostly formed with הכי:

דני רץ הכי מהר בין הבנים, ורונית רצה הכי מהר בין הבנות.

Unlike English, which uses "the most" independently (as in "I like you the most"), the Hebrew הכי cannot stand alone. This sentence will be expressed in Hebrew in one of two ways, one combining הכי with a verb and the other with הרבה:

אני הכי <u>אוהבת</u> אותך.

אני אוהבת אותך הכי <u>הרבה</u>.

The הכי הרבה structure is used in the spoken language only. A parallel structure doubles the הכי:

אני אוהבת אותך הכי הכי.

The least+adjective is less commonly used, and is expressed by הפחות or הכי פחות:

זה הספר הפחות מעניין שקראתי.

זה הספר הכי פחות מעניין שקראתי (בשפה המדוברת).

אלה הסיפורים הפחות טובים שהיא כתבה. אני יותר אוהבת את הספרים הראשונים שלה.

"The least" by itself is expressed in a formal way with פחות מכל:

אני אוהב ברוקולי פחות מכל.

In the spoken language, the structure will be similar to:

אני אוהבת ברוקולי פחות מכל אוכל אחר.

אני אוהבת ברוקולי הכי פחות.

☺☺ תרגיל בשיחה:

שאלו זה את זה שאלות כמו:

מי הילד הכי צעיר במשפחה שלך? ומי הכי מבוגר?

אתה אוהב לקום מוקדם?/את אוהבת לקום מוקדם? למה כן או לא?

תיירים אוהבים לבוא לאילת. אתם מכירים עיר אחרת בארץ שיש בה הרבה תיירים?

מי ה"אחר" במשפחה שלכם או בקבוצה אחרת שאתם מכירים?

מתי אתה עצוב?/ מתי את עצובה?

באיזו כיתה אתה שואל הכי הרבה שאלות, ולמה?/ באיזו כיתה את שואלת הכי הרבה שאלות, ולמה?

✍ תרגיל 8: ענו על השאלות.

1. איזה ספר או סרט אתה הכי אוהב, ולמה?/ איזה ספר או סרט את הכי אוהבת, ולמה?
2. מי לפי דעתך שׂחקן הקולנוע הכי טוב? ומי השׂחקנית הכי טובה?
3. מהי לפי דעתך הפרסומת הכי מצחיקה בטלוויזיה?
4. איזו חייה רצה יותר מהר מכל החיות?
5. איזה חודש הוא החודש היותר חם במדינה שלך?

6. איזה סוג קפה הכי טוב?

7. איזו עוגייה ילדים הכי אוהבים?

8. מהו הדבר החשוב ביותר לדעת?

תרגיל 9: תרגמו לעברית.

1. Australia is the smallest continent.

____

2. The Everest is the tallest mountain.

____

3. I want to travel to Antarctica the least.

____

4. She is the most interesting woman that I know.

____

5. Rina is the youngest in the family.

____

6. I like dogs with short hair the most.

____

7. Ask for a different (another) book!

____

8. I will come here the fastest that is possible! (or "the fastest that I can")

____

"Too much" or "too little" are expressed in Hebrew with יותר and פחות, combined with מדי (literally "than enough"):

אתה אוכל יותר מדי היום—אתה תרגיש לא טוב בגלל זה!

אני יודעת פחות מדי על העבודה. את יכולה לתת לי עוד אינפורמציה?

"More or less" is structured as "less or more" in Hebrew:

אנחנו מכירים זה את זה פחות או יותר שנתיים.

יש ביוסטון פחות או יותר שניים וחצי מיליון תושבים.

תרגיל 10: המשיכו את ארבעת המשפטים במילים שלכם לפי הדוגמא.

משפט: את מדברת יותר מדי.

משפט המשך: את כל הזמן מדברת, וזה לא נעים לשמוע. את צריכה להפסיק לדבר!

אתה רץ מהר מדי—זה לא טוב בשבילך!

____

____

____

אתם אוכלים פחות מדי ירקות ויותר מדי בשר.

____

____

____

היא חשבה פחות על מסיבות וסרטים ויותר על הלימודים והעבודה.

____

____

____

אנחנו פחות או יותר מסכימים על התוכנית.

____

____

____

תרגיל בשיחה: ☺☺

עבדו בקבוצות. צרו משפטים עם "יותר מדי," "פחות מדי," ו-"פחות או יותר," ופַתחו אותם לשיחה קצרה לפי הדוגמאות למעלה.

משהו על מילים: ביטויים בשׂפת היום-יום

איך המצב-רוח שלך?

לא הכי טוב/ לא הכי הכי / לא מי יודע מה! ☹

מה זה טוב! ☺

הסרט הזה לא מי יודע מה ☹, אבל כולם אומרים שהוא מה זה טוב!☺

לנפט קראו פעם "שמן האדמה." למה?

איפה יש נפט וגז בישראל?

מילים חדשות *zayin 2 (continued)*

riddle	◀חִידָה (נ.)
puzzle (noun), quiz (noun)	◀חִידוֹן (ז.)
protein	◀חֶלְבּוֹן (ז.)
carbohydrates	◀פַּחְמֵימוֹת (נ.ר.)
oil (noun)	◀שֶׁמֶן (ז.)
fat (noun)	◀שֻׁמָּן (ז., שומן)
nutrition	◀תְּזוּנָה (נ.)

כמה חלבון יש בביצה? ב-100 גרם שקדים? ב-100 גרם שעועית לבנה? ב-100 גרם גבית קוטג'?

חידון: תזונה

Oded's Apartment

הדירה של עודד

באיזה מאכל יש יותר ויטמין C:

ברוקולי, תפוח-אדמה, חסה, תפוז

איזה מאכל יותר שמן:

בשׂר-בקר, אורז, עגבנייה, אבוקדו

באיזה מאכל יש יותר פחמימות:

פִּלְפֵּל ירוק, עוגת שוקולד וקצפת, סטייק קטן

באיזה מאכל יש פחות חלבון:

ביצה, אורז, עגבנייה

מה אתם יודעים על גלידת חרוסת של בן וג'רי? על גלידת צ'אנקי מאנקי?

איזה מאכל יותר טוב לבריאות:

אורז, המבורגר, ביצה, גזר

איזה מאכל יותר דיאטתי:

סלט ירקות, בשׂר עם תפוחי אדמה, גבינה צהובה

באיזה מאכל יש פחות שומן:

גלידה של בן וג'רי, צ'יפס, סלט טונה בלי מיונז

איזה ויטמין יותר חשוב לעיניים:

A B C

תרגיל בשיחה: ☺☺

עבדו בקבוצות. דברו על תזונה ועל קלוריות. האם אלה דברים שחשובים לבריאות, או אובססיה? האם עבדתם פעם עם תזונאי או תזונאית?

דברו על השאלות במתימטיקה למטה:

בטקסס חם הקיץ יותר מאשר בשנים קודמות: עד היום נספרו עשרים ושניים ימים רצופִים בהם הטמפרטורה היתה מאה מעלות פארנהייט ויותר. מה היתה הטמפרטורה הממוצעת בחודש יולי, אם אנחנו יודעים שב-45 אחוזים מהימים הטמפרטורה היתה מאה ושלוש מעלות, ב-42 אחוזים מהימים הטמפרטורה היתה 101 מעלות, ובימים האחרים הטמפרטורה היתה 98 מעלות?

במשפחה של עודד יש שלושה בנים: עודד הוא הבן האמצעי. אחיו שאול מבוגר ממנו בשלוש שנים. אחיו השני, מיכאל, צעיר משאול בשש שנים. בני כמה שלושת האחים אם אנחנו יודעים שעודד יהיה בן עשׂרים ושש בעוד שלוש שנים?

§7.4 Time expressions referring to the future tense

The concept of "next" as in "next year," "next month," is rendered in Hebrew with the verb "come," as in *the coming year*, *the coming month*, and similar expressions:

בשנה הבאה, בחודש הבא, בחודשים הבאים

The verb is used in the present tense, with a prefixed article, to form literal expressions such as "in the year that comes," "in the month that comes," much like the English expression "in the upcoming months," etc.

The notion of "in a certain time from now," as in "in a year from now," "in a month," is expressed with the adverb עוד, forming literal expressions like "in one more year," "in one more semester":

בעוד שנה, בעוד סמסטר, בעוד חודש

Study the following examples:

ביומיים הבאים לא יהיו שיעורים באוניברסיטה בגלל החג.

בשנה הבאה נתחיל להשתמש בספר החדש. אבל בסמסטר הבא עדיין נשתמש בספר הישן.

בחודש הבא לא נהיה כאן, כי יהיה לנו חופש.

אם תבואו לבקר אותנו בעוד כמה שבועות, תמצאו אותנו בבית חדש. אנחנו נעבור לשם בשבוע הבא.

כשתראו את הבן שלנו בפעם הבאה, הוא כבר יהיה בן יותר משנה, ואולי הוא כבר ילד.

✍ **תרגיל 11: המשיכו את ארבעת המשפטים במילים שלכם לפי הדוגמא. המשפטים שלכם צריכים להראות שאתם מבינים את ההבדל בין שני המשפטים בזוג.**

בעוד שנה ניסע להודו. עכשיו אוגוסט 2015. ניסע להודו באוגוסט 2016.

בשנה הבאה ניסע להודו. עכשיו השנה 2015. ב-1916 ניסע להודו, וזה יכול להיות בחורף או בקייץ או בכל זמן.

בעוד שבוע נבוא לכאן.

נבוא לכאן בשבוע הבא.

בעוד שנה יהיו פה תיירים רבים.

בשנה הבאה יהיו פה תיירים רבים.

> מתי אנחנו אומרים "לשנה הבאה בירושלים?"

חידות

מי אמר:

- ראי ראי עֲנֵה ענני, היש אישה יפה ממני?
- אין שָׁלֵם מלב שָׁבוּר.
- מה מָתוֹק מִדְּבָשׁ ומה עַז מֵאֲרִי?

(כתבו את החידות האלה במילים שלכם!)

מי אני?

..אני ארץ. מדברים בי ערבית. אני נמצאת מזרחית לישראל ומערבית לעיראק. שולט בי מֶלֶךְ.

..אני בעל חיים. אני תמיד לוקח את הבית שלי על הגב.

..אני פרי, ירוק בחוץ ואדום בפנים. יש בי הרבה גרעינים, ואני גדל על האדמה בקייץ. יש בי גם הרבה מיים.

..אני ים בישראל (באמת, אני אגם). השם שלי בא משם של כּלִי נגינה, אותו מזכירה הצורה שלי.

..אני צייר ידוע. השם הפרטי שלי ושם המשפחה שלי מתחילים באותה האות. אחד הציורים הידועים שלי נקרא לֵיל כּוֹכָבים.

..אני שחקנית ידועה. שיחקתי בסרטים רבים, ביניהם סרט קלאסי על זוג בזמן מלחמת העולם השנייה, סרט על רֶצַח ברכבת, וסרט על גולדה מאיר, שהיתה ראש הממשלה של ישראל.

..אני סופר ידוע בישראל. השם הפרטי שלי ושם המשפחה שלי מתחילים באותה האות. ספרים רבים שלי תורגמו לאנגלית, ביניהם ספר שהגיבורה שלו קרוייה חנה גונן. היא חייה בירושלים. שם הספר כשם הבעל שלה.

..אני פתרתי את החידה הידועה של הספינקס "מי מתחיל על ארבע, ממשיך על שתיים, וגומר על שלוש?"

נושׂאים לכתיבה:

הדברים הכי חשובים בחיים שלי.

המקצוע היותר מעניין.

הבסיס של תורת האבולוציה לפי דרווין.

שבעת פלאי תבל.

דיאטות ידועות.

פעילות יוצרת:

בעיר שלנו: סטודנטים מציירים עיר על שפת הים, עם נהרות ואגמים, ומדברים על תכנון העיר.

סטודנטים מציירים מודעות פרסומת לדיאטות.

יחידה ח

chet 1 מילים חדשות

◂אַמְבַּטְיָה (נ.)	bathtub
◂אַסְלָה (נ.)	commode, toilet
◂אָרוֹן (ז., ר. ארונות)	closet, cabinet, cupboard
◂בֵּינְתַיִם (בינתיים)	meanwhile, in the meantime
◂דֶּלֶת (נ., ר. דְּלָתוֹת)	door
◂הוֹסִיף (להוסיף)	add
◂הֶחְלִיט (להחליט)	decide
◂הִכְנִיס (להכניס)	bring in, take in
◂הִתְקַלֵּחַ (להתקלח)	shower (verb)
◂וִילוֹן (ז., ר. וילונות)	curtain, drape (noun)
◂חֶדֶר (ז.)	room (in a house)
◂חֲדַר אֲרוֹנוֹת (ז.)	walk-in closet
◂חֲדַר עבודה (ז.)	workroom, office
◂חֲדַר שֵׁינָה (ז.)	bedroom
◂חֲדַר שֵׁרוּתִים, שירותים (ז.)	bathroom
◂חַלּוֹן (ז., ר. חלונות)	window
◂חַשְׁמָל (ז.)	electricity
◂טוֹחֵן אַשְׁפָּה (ז.)	garbage disposal, grinder
◂כּוֹנָנִית (נ., ר. כונניות)	bookshelf
◂כִּיּוֹר (ז.)	sink (noun)
◂כִּירַיִם (ז. או נ., כיריים)	stove

מה זה "מס הכנסה"? מהי "ארנונה"? מה זה "מס ערך מוסף (מע"מ)?

מהו "ארון מתים"?

מהו הסיפור הידוע על בת הטוחן והאבא שלה שהבטיח לטחון קש לזהב?

מאיפה באה המילה "חשמל"?

chet 2 מילים חדשות

כִּסֵּא (ז., כיסא, ר. כיסאות)	chair (noun)
כֻּרְסָה (נ.,כורסה, ר. כורסאות)	armchair
מֵדִיחַ כֵּלִים, מֵדִיחַ (ז.)	dishwasher
מְחִיר (ז.)	price
מַחְשֵׁב (ז.)	computer
מִטְבָּח (ז.)	kitchen
מִטָּה (נ., מיטה)	bed
מִיקְרוֹגַל (ז.)	microwave oven
מְנוֹרָה (נ.)	lamp
מִקְלָחוֹן (ז.)	shower booth, shower (noun)
מִקְלַחַת (נ.)	shower (noun)
מַקְרֵר, מְקָרֵר (ז.)	refrigerator
מַתֶּכֶת (נ.)	metal
סָלוֹן, חדר אורחים (ז.)	living room
סַפָּה (נ.)	sofa
עֵץ (ז.)	wood, tree
צַד (ז., ר. צְדָדִים)	side (noun)
צִלּוֹן (ז.)	shade (for window, etc.)
קִיר (ז., ר. קירות)	wall
רָהִיט (ז.)	furniture (piece of)
רְשִׁימָה (נ.)	list (noun)
שֻׁלְחָן (ז.,שולחן, ר. שולחנות)	table, desk
תַּנּוּר אֲפִיָּה, תנור (ז., תנור אפייה)	oven

מה אתם יודעים על המשחק "כיסאות מוזיקליים"?

מהי "מיטת סדום"? מאיפה בא הביטוי?

איזו מתכת יותר קשה: נחושת או פלטינה?

כמה צדדים יש למחומש? למשושה? איך קוראים לצורה עם שלושה צדדים? עם ארבעה?

ch 1

בביית החדש שנבנה יהיו שלושה חדרי שינה, חדר עבודה אחד, סלון, שלושה חדרי שירותים, מטבח, וארבעה חדרי ארונות. הילדים רצו גם חדר טלוויזיה, אבל אנחנו נשים את הטלוויזיה בסלון.

כשנקנה רהיטים, נצטרך לחשוב על המחירים ועל גודל החדרים. אשתי ואני הכנו רשימת רהיטים מינימלית. במשך הזמן נוסיף רהיטים שנצטרך.

לסלון נצטרך ספה ושתי כורסאות, שולחן נמוך ומנורה עומדת.

לכל חדר-שינה נצטרך מיטה ושולחן קטן בצד המיטה. לחדר השינה של כל אחד מהילדים נקנה גם שולחן כתיבה וכיסא.

בחדר האוכל נשׂים שולחן וארבעה כיסאות. נצטרך לקנות מקרר חדש, מדיח כלים ותנור אפייה בשביל המטבח. נקנה תנור אפייה וכיריים חשמליים, כי אנחנו לא רוצים להשתמש בגז בביית. יש מקום לשני כיורים, ובאחד מהם יהיה טוחן אשפה.

בחדר העבודה נשׂים שולחן עבודה גדול, שעליו נוכל לשׂים את המחשבים (יש לנו שניים, ואנחנו משתמשים בשניהם). נקנה שני כסאות טובים, כי אנחנו יושבים זמן רב על יד המחשב. אולי נכניס גם ספה בשביל אורחים לחדר העבודה.

בשני חדרי השירותים הגדולים יהיו אמבטיה, אסלה וכיור. בחדר השירותים הקטן תהיה רק אסלה. רצינו לשׂים גם מקלחון בחדרי השירותים הגדולים, אבל זה לא הסתדר. אפשר יהיה להתקלח באמבטיה.

בכל חדר יהיה חדר ארונות קטן. בחדר העבודה ובסלון נשׂים כמה כונניות לספרים. נקנה גם כונניות קטנות לחדרי הילדים.

על החלונות בחדרי השינה נשׂים וילונות, אבל בחדר העבודה נשׂים צלון. כל הדלתות יהיו מעץ חוץ מדלת הכניסה שתהיה ממתכת. בינתיים לא החלטנו אילו תמונות נתלה על הקירות. נחכה עם זה.

✐ תרגיל 1: סמנו נכון (✓), לא נכון (✗), אי אפשר לדעת (?).

בבית יהיו שלושה חדרי ארונות.   ✓   ✗   ?

הכיריים יעבדו על חשמל או על גז.   ✓   ✗   ?

יש במשפחה שני ילדים.   ✓   ✗   ?

הם יקנו תמונות לבית בזמן יותר מאוחר.   ✓   ✗   ?

היו מקרים של אנשים שהתחשמלו בגלל "סלפי סטיק" (מקל/מוט סלפי).
איך זה קרה?

שאלות הבנה:

כמה חדרים יהיו בבית?

למה יהיו במטבח כיריים חשמליים?

איפה יהיו הספרים בבית?

למה הם צריכים כיסאות טובים במיוחד לחדר העבודה?

אם יהיו להם אורחים, איפה הם ישנו?

At home
בבית

שאלות הרחבה:

מה אתם יודעים על מחירי הבתים בעיר שלנו?

למה צריך וילונות (או צלונים) על חלונות?

למה יש בבתים דלתות כניסה ממתכת?

לפעמים אומרים שהמחשבים אוכלים לנו את הזיכרון. למה?

בשביל מה צריך טוחן אשפה?

מה היתרון של מיקרוגל על תנור אפייה רגיל? מה החסרון?

מה לא כל כך טוב עם חלונות שפונים מזרחה בחדר השינה?

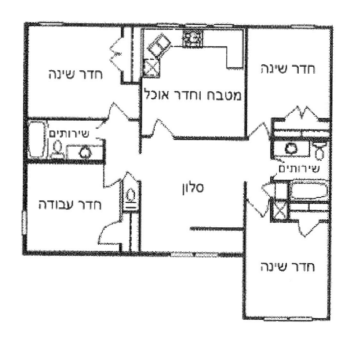

מילים חדשות *chet 2 (continued)*

steam (verb)	◄אָדָה (אידה, לאדות)
bake	◄אָפָה (לאפות)
fry	◄טִגֵּן (טיגן, לטגן)
roast (verb)	◄צָלָה (לצלות)

> מתי אנשים
> משתמשים במנגל?
> מה זה "לעשות על
> האש"?

מושגי בישול:

אפה ◄ אפייה

בישל ◄ בישול

טיגן ◄ טיגון

צָלָה ◄ צלייה

אָדָה ◄ אידוי

> איך עושים ג'חנון? כרוב
> ממולא? צ'ולנט? שקשוקה?
> ריבת תפוזים?

תרגיל חשיבה:

חשבו על מושגי הבישול למעלה. מה הם המושגים המקבילים לפעלים הבאים:

◄ תכנן (למשל, לתכנן דירה)

◄ ריהט (לרהט דירה, משרד או ביית)

◄ חימם (לחמם אוכל קר)

◄ קירר (לקרר את הביית)

◄ בנה (לבנות ביית)

◄ לטחון (לטחון בשר)

(שימו לב למילה—האם היא מזכירה לכם שם של אוכל? מאיפה בא השם?)

◄ הכניס (להכניס משהו או מישהו למקום)

◄ תלה (לתלות משהו על הקיר או על עץ)

😊😊 **תרגיל בשיחה:**

דברו על בישול. עשו חיקוי של תוכנית בישול בטלוויזיה.

אחד הסטודנטים הוא איש מכירות שמוכר רהיטים בחנות. סטודנטים אחרים הם הקונים.

ספרו על חדרים ורהיטים בבית-החלומות שלכם (בבית החלומות שלי יהיו...)

תרגיל 2: כתבו במשפט או שניים.

cooking
בישול

איך מבשלים תפוחי אדמה

איך מבשלים אורז

איך מבשלים בשר

איך מבשלים ירקות

איך עושים פיצה

איך עושים המבורגר

תרגיל 3: הוסיפו פרטים לרשימה.

אופים לחם, ...______________________

מבשלים תפוחי אדמה, ...______________________

מטגנים צ׳יפס, ...______________________

צולים בשׂר, ...______________________

מאדים ירקות, ...______________________

§8.1 Creating adjectives from nouns

תרגיל חשיבה:

Study the following list of nouns and adjectives. What do they tell you about forming adjectives in Hebrew?

חשמל/חשמלי

מרכז/מרכזי

מקום/מקומי

מסורת/מסורתי

ראש/ראשי

ממה עשויות הנעליים המסורתיות בהולנד?

מהי משרת הרב הראשי?

שמות תואר בעברית אנחנו יוצרים על ידי הוספת סיומות לשמות עצם:

"-י" לזכר, "-ית" לנקבה, "-ים" לרבים, ו"-ות" לרבות.

לכן:

תנור חשמלי (תנור שעובד על חשמל)

עמוד ראשי (העמוד בראש העיתון)

ספרייה מרכזית (הספרייה הכי חשובה, במרכז)

שאלה ראשית (השאלה בראש, השאלה הכי חשובה)

עיתונים מקומיים (עיתונים שיוצאים במקום)

מקומות מרכזיים (מקומות חשובים, במרכז)

מי כתב את המחזה "חשמלית ושמה תשוקה"? מי היה השחקן הראשי בסרט?

תפילות מסורתיות (תפילות שנאמרות שנים רבות, מסורת של תפילות)

רכבות חשמליות (רכבת שעובדת על חשמל)

לשמות עצם ממין נקבה הנגמרים ב"ה" מוסיפים "ת" לפני הסיומת:

עונה/עונתי (פרי עונתי, פרי שגדל רק בעונה אחת)

שנה/שנתי (העיתון יוצא פעם בשנה. זהו עיתון שנתי או שנתון)

תורשה/תורשתי (זאת תכונה תורשתית, תכונה שבאה בתורשה)

תרגיל 4: צרו שמות תואר משמות העצם, וכתבו משפטים לפי הדוגמא.

דוגמא: [אומנות אומנותי] יש לו כישרון אומנותי. הוא מצייר ומפסל וכבר מכר כמה עבודות.

אזרח ______________________________

דרום ______________________________

התחלה ______________________________

זמן ______________________________

חלוץ ______________________________

בשר ______________________________

חלב ______________________________

סוף ______________________________

יסוד ______________________________

מודיעין ______________________________

מפלגה ______________________________

קבוצה ______________________________

בצורה דומה, אנחנו יוצרים שמות תואר משמות ארצות:

ישׂראל ישׂראלי.

אמריקה אמריקאי, אמריקני

קנדה קנדי

ניגריה ניגרי

סומליה סומלי

ספרד ספרדי

צרפת צרפתי

גרמניה גרמני

אנגליה אנגלי

סין סיני

הודו הודי

יפן יפני

אוסטרליה אוסטרלי

תורכיה תורכי

איראן איראני

עיראק עיראקי

סוריה סורי

מצריים מצרי

לבנון לבנוני

רוסיה רוסי

קנדה קנדי

מי היה המנהיג ההודי שהטיף להתנגדות ללא אלימות? (אי אלימות)

מי היה השחקן המצרי המפורסם שנפטר ב-2015? (רמז: הוא שיחק ב"דוקטור ז'יוואגו" וב"לורנס איש ערב.")

מי היו מנהיגי הפלנגות הנוצריות בזמן מלחמת האזרחים הלבנונית? (1975-1990)

ישראל משתתפת בפסטיבל מוזיקה אירופאי, ושולחת זמרים לפסטיבל כל שנה. מהו הפסטיבל?

ועם כמה ואריאציות:

אמריקה אמריקאי, אמריקני

מכסיקו מכסיקני, מכסיקאי

דרום אפריקה דרום אפריקאי, דרום אפריקני

מכסיקו מכסיקני, מכסיקאי

פורטוגל פורטוגזי

איטליה איטלקי

מי היה הנשיא הדרום-אפריקאי הראשון אחרי שהסתיים שלטון האפארטהייד?

איך קוראים לתזמורת שמנגנת מוזיקה מכסיקנית מסורתית?

תרגיל 5: הוסיפו למעלה את שם הַמַטְבֵּעַ של כל ארץ, לפי הדוגמאות. למדינות בגוש האירו (היורו), כתבו מה היה המטבע לפני האירו.

דוגמאות: המטבע הישראלי הוא השקל. המטבע האמריקאי הוא הדולר. המטבע האיטלקי היה הלירה.

שמות שפות הם שמות תואר בנקבה:

Languages
שפות

בישראל מדברים עברית וערבית.

בעיראק, לבנון, סוריה, מצריים, וירדן מדברים ערבית.

ברוסיה מדברים רוסית.

בגרמניה מדברים גרמנית.

באיראן (פרס) מדברים פרסית.

בספרד ובמכסיקו מדברים ספרדית.

באיטליה מדברים איטלקית.

בסין מדברים סינית.

מה אתם יודעים על
שפת האספרנטו?

ביפן מדברים יפנית.

באנגליה, קנדה, אוסטרליה ודרום אפריקה מדברים אנגלית.

בפורטוגל ובברזיל מדברים פורטוגזית.

☺☺ **תרגיל בשיחה:**

דברו על ארצות ושפות, ועל שפות שאתם יודעים או הייתם רוצים ללמוד.

מה אתם יודעים על משפחות לשון (משפחות של שפות)? עברית וערבית הן שפות אחיות. לאיזו משפחה הן שייכות? לאיזו משפחה שייכות רוסית ופולנית?

§8.2 "Weak" verbs in the future tense, in the Pa'al pattern

Some verbs "lose" consonants in various forms, and follow vowel patterns that are typical to them. Such verbs are referred to as "weak" verbs—you have encountered many of them before, like קנה, רץ, קם, הבין. Typically, consonants like *yod, vav, alef,* and *nun* tend to behave differently and produce weak verbs. Weak verbs that have special future-tense conjugations in the Pa'al pattern are listed below, according to their first—and weak—consonant.

פ״נ (האות הראשונה של השורש היא נון):

(נ.ת.ן, נ.ס.ע)

אֶתֵּן תִּתֵּן תִּתְּנִי הוא יִתֵּן היא תִּתֵּן נִתֵּן תִּתְּנוּ הם והן יִתְּנוּ

אֶסַּע תִּסַּע תִּסְעִי הוא יִסַּע היא תִּסַּע נִסַּע תִּסְעוּ הם והן יִסְעוּ

(נ.פ.ל, נ.ב.ל)

אֶפֹּל תִּפֹּל תִּפְּלִי הוא יִפֹּל היא תִּפֹּל נִפֹּל תִּפְּלוּ הם והן יִפְּלוּ (אפול, תיפול...)

פ״י (האות הראשונה של השורש היא יוד):

Future tense IV
זמן עתיד 4

(י.ש.ב, י.ד.ע, י.ר.ד, י.צ.א)

אֵשֵׁב תֵּשֵׁב תֵּשְׁבִי הוא יֵשֵׁב היא תֵּשֵׁב נֵשֵׁב תֵּשְׁבוּ הם והן יֵשְׁבוּ

אֵדַע תֵּדַע תֵּדְעִי הוא יֵדַע היא תֵּדַע נֵדַע תֵּדְעוּ הם והן יֵדְעוּ

אֵרֵד תֵּרֵד תֵּרְדִי הוא יֵרֵד היא תֵּרֵד נֵרֵד תֵּרְדוּ הם והן יֵרְדוּ

אֵצֵא תֵּצֵא תֵּצְאִי הוא יֵצֵא היא תֵּצֵא נֵצֵא תֵּצְאוּ הם והן יֵצְאוּ

(ה.ל.כ כמו פ״י:)

אֵלֵךְ תֵּלֵךְ תֵּלְכִי הוא יֵלֵךְ היא תֵּלֵךְ נֵלֵךְ תֵּלְכוּ הם והן יֵלְכוּ

(י.ש.ן, י.ר.ק, י.ב.ש, י.ר.ש)

אִישַׁן תִּישַׁן תִּישְׁנִי הוא יִישַׁן היא תִּישַׁן נִישַׁן תִּישְׁנוּ הם והן יִישְׁנוּ

(י.כ.ל)

אוּכַל תּוּכַל תּוּכְלִי הוא יוּכַל היא תּוּכַל נוּכַל תּוּכְלוּ הם והן יוּכְלוּ

פ״א: (האות הראשונה של השורש היא אלף)

(א.כ.ל, א.מ.ר, א.ה.ב)

אֹכַל תֹּאכַל תֹּאכְלִי הוא יֹאכַל היא תֹּאכַל נֹאכַל תֹּאכְלוּ הם והן יֹאכְלוּ

ציווי: תן, תני/ לך, לכו/ רד, רדי/ אֱמֹר/אִמְרִי.

תרגיל 6: השלימו את הטבלה עם הפועל בעתיד.

אני	את	הוא	אנחנו	אתן	הם
אֶתֵּן					
	תֵּשְׁבִי				
		יִסַּע			
			נִישַׁן		
				תֵּדְעוּ	
					יֹאכְלוּ
אֵלֵךְ					

תרגיל בשיחה:

ספרו לאן תיסעו בקייץ הבא.

דברו על דברים שתוכלו לאכול "אחרי הדיאטה".

לאן תלכו אחרי השיעור? מה תעשו שם?

דברו על דברים שהייתם רוצים שמישהו יתן לכם.

תרגיל 7: כתבו את המשפטים בזמן עתיד.

1. נפלתי ונפצעתי כשהלכתי ברחוב.

____

2. מתי אכלתָ? אני אכלתי לפני כולם.

____

3. הן נסעו לטבריה ושם הלכו לטייל.

____

4. לא ישנתי כל הלילה כי לא יכולתי להרדם!

____

5. היא לא אהבה את המוזיקה שלו ויצאה באמצע הקונצרט.

____

6. הם ישבו בסלון ודיברו כשאנחנו אכלנו.

____

7. מה הוא יודע על הבעייה שלנו?

____

8. כשאתם יוצאים בערב מהבית, מי נותן לילדים לאכול?

____

§8.3 Hitpa'el, verbs with root-initial ז ס צ ש שׂ

Some Hitpa'el verbs take a special form throughout their conjugation. The ת of the prefix -הת switches places with the first consonant of the root, as in השתמש (from ש.מ.ש), whenever that first consonant is ש , צ , ס ,ז, or שׂ (compare, e.g., **הסת**כל and **הת**לבש). In addition, in some verbs, like **הצט**רך, **הצט**ער, or **הזד**קן from earlier units, the ת becomes ט or ד. The reasons are phonological, and have to do with assimilation of consonants; that is, their tendency to become similar to each other in manner of articulation, for maximum efficiency of the vocal organs. ד , ת, and ט are variants of the same sound, with ד being the voiced counterpart of ת (that is, it is pronounced with friction in the vocal cords, while ת is unvoiced, that is, pronounced without friction), and ט its emphatic counterpart (pronounced with greater emphasis, deeper and further in the throat—this variant no longer exists in today's pronunciation). When the first consonant of the root is ז, which is a voiced consonant, the ת immediately next to it becomes a ד. When the first consonant of the root is צ, which was historically an emphatic consonant, the ת immediately next to it "becomes" a ט. Even though emphatics are no longer discernable in the modern pronunciation, they have left their mark in the historical spelling of such verbs.

Examples of special Hitpa'el verbs that we have used so far are:

השתמש, השתתף, הסתכל, הצטער, הזדקן, הצטרך

☺☺ תרגיל בשיחה:

שימו את היד על הגרון, והשמיעו עיצורים בזוגות (בלי תנועה, רק העיצור!) ס/ז, ד/ת. מה אתם מרגישים?

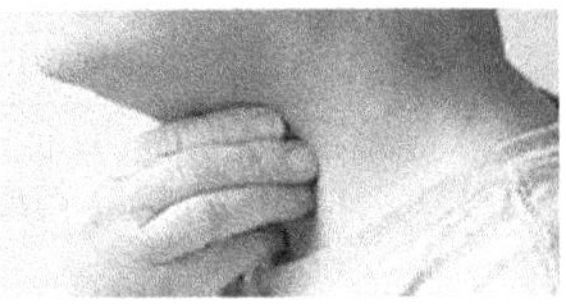

כשהיד על הגרון, השמיעו תנועות: אָ אֶ אִי אוֹ אוּ. מה אתם מרגישים?

דברו על מילים בשפות אחרות, כמו butter באנגלית או vita בספרדית. מה אנחנו יכולים ללמוד מזה?

תרגיל 8: כתבו את צורת ה"אני" בהתפעל, בעבר, הווה ועתיד, של הפעלים מהשורשים הבאים. מצאו את המובן של הפעלים במילון.

ז.מ.נ ____

ז.ר.ז ____

ס.פ.ר ____

ס.מ.כ ____

צ.ב.ר ____

צ.ל.ל ____

ש.ר.ש ____

ש.פ.ר ____

שׂ.ר.כ ____

שׂ.ר.ג ____

ש.ת.פ ____

§8.4 Construct chains (review)

Hebrew uses construct chains (צירופי-סמיכות) to express possession (חדר-הילדים) or other relations between nouns, such as part to a whole (the eye of the storm, עין-הסערה) or item and the material of which it is made (wooden leg, רגל-עץ). Although in the modern language we mostly modify nouns by adjectives, in formal Hebrew, which is rooted in older phases of the language, modifying nouns by other nouns is quite common.

The modified nouns in construct chains lose their primary stress, and, therefore, often undergo vowel changes. The most common change is from a kamatz or a tsere to a schwa (e.g., דָרום/דְרום-תל-אביב ; שֵמות/שְמות-הרחובות).

Changes in endings are common in the modified nouns of construct chains: feminine singular nouns ending in ָה - in their independent form, end in ַת - (or, occasionally, ֶת -) when they are modified by other nouns

אוניברסיטָה/ אוניברסיטַת-חיפה ; ממשלָה/ ממשֶלֶת-ישראל

Masculine plural nouns ending in ִים - end in ֵי - in that position:

חדרִים/חדרֵי-שינה ; מחשבִים/מחשבֵי-מקינטוש

Plural nouns ending in ות- and masculine singular nouns often exhibit no changes or vowel changes only:

בֵן/בֶן-דוויד ; שָׂפוֹת/שְׂפוֹת-הדיבור ; מיטות/מיטות-הילדים

The definite article is added to the modifying noun (that is, the last noun in the chain)

מדיח-כלים/מדיח-**ה**כלים ; שולחנות-עבודה/שולחנות-**ה**עבודה

חדר-מורים, חדר-**ה**מורים, חדר-מורי-**ה**עברית

Construct chains in the examples above are hyphenated; this is a common convention, but hyphenation is not mandatory.

Construct chains
צירופי-סמיכות

תרגיל 9: רשמו את כל צירופי-הסמיכות שהופיעו בקטע "הבית החדש." ליד כל צירוף סמיכות, רשמו את הצורה הרגילה של המילים ואת צורת-המילון לפי הדוגמאות.

דוגמאות: חדרי-שינה: חדרים (חדר)/שינה; חדרי-ארונות: חדרים (חדר)/ ארונות (ארון)

תרגיל 10: כתבו עשרים צירופי-סמיכות עם המילים הבאות (ביחיד או רבים), ותרגמו את הצירופים לאנגלית.

יום עץ כניסה מחיר חלון ארון רשימה שטח דור גברת תורשה מבנה תכונה חדר דלת

דוגמא: דלת-עץ a wooden door

תרגיל 11: משפחות מילים—איך קשורות המילים במשפחה זו לזו? בדקו את המשפחות הבאות, וכתבו על כמה מהמילים.

חַשְׁמַל חַשְׁמָלִי חַשְׁמָלִית (שם עצם) לְחַשְׁמֵל, לְהִתְחַשְׁמֵל

הֵכִין הִתְכּוֹנֵן הֲכָנָה מוּכָן כּוֹנֵן

הִכְנִיס הַכְנָסָה כֶּנֶס כִּנֵּס הִתְכַּנְּסוּת כְּנִיסָה כְּנֶסֶת כִּנּוּס כְּנֵסִיָּה

באיזו עונה יש
אצלכם סופות
רעמים וברקים?
למה צריך מאוד
להיזהר כשיש בחוץ
סופה כזאת?

נושאים לכתיבה:

הבית שלי עכשיו, והבית בו הייתי רוצה לגור

דברים שאני אוהב לבשל/דברים שאני אוהבת לבשל

דברים עליהם אני מצטער/דברים עליהם אני מצטערת

טכנולוגיה בכיתה, בבית ובמשרד

אנשים פוחדים להזדקן

כלים שמאוד חשובים למטבח

מצאו את השיר
"רעמים וברקים." מי
מדבר בשיר? מי
כתב אותו?

פעילות יוצרת:

כל אחד מצייר מפה של הדירה/הבית שלו, ומביא לכיתה לשיחה בקבוצות, אולי כסוכן המנסה למכור את הדירה/הבית.

סטודנטים כותבים מתכונים ומחברים אותם לספר.

יחידה ט

tet 1 מילים חדשות

◂אֶזְרָח (ז.)	citizen
◂בָּחַר (לבחור)	elect, choose
◂בִּצַּע (ביצע/ביצֵעַ, לבַצֵּעַ)	carry out, execute an action
◂דֶּגֶל (ז.)	flag (noun)
◂הִכְרִיז (להכריז)	declare
◂זַיִת (ז., זיית, ר. זֵיתים)	olive
◂זְכוּת (נ., ר. זכוּיוֹת)	right (for something), privilege
◂חֹק (ז., חוק, ר. חֻקִּים, חוקים)	law
◂חֻקָּה (נ., חוקה)	constitution
◂חוֹקֵק (לחוקק)	legislate
◂חָשׁוּב	important
◂טַלִּית (נ., ר. טליתות)	praying shawl
◂יְסוֹד (ז., ר. יסודות)	base, basis, foundation
◂יִצֵּג (לְיַצֵּג, לייצג)	represent
◂יָשִׁיר	direct (adjective)
◂לָכֵן	therefore
◂מָגֵן דוויד (ז.)	star of David
◂מָחוֹז (ז., ר. מחוזות)	region
◂מֶמְשָׁלָה (נ.)	government
◂מַעֲמָד (ז., ר. מעמדות)	status, position, class
◂מַעֲרֶכֶת (נ.)	system

מהי "אזרחות כפולה? למי יכולה להיות אזרחות כפולה? מהו מקצוע הלימוד "אזרחות"?

מי מייצג את ישראל באומות המאוחדות? מי ייצג אותה ב-1948?

מה זה שמן זיית? איך עושים שמן זיית?

מהי "התנועה לזכויות האזרח" בארצות הברית? מי היו המנהיגים הגדולים שלה?

מהי מלחמת מעמדות? איזו תורה בנוייה על מלחמת מעמדות?

מִפְלָגָה (נ.)	party (political)
מִשְׁפָּט (ז.)	trial, judgment
נוֹסַף (להיוָסף, להיווסף)	(be) added
נָצִיג (ז.)	representative
נָשִׂיא (ז.)	president
סֵמֶל (ז.)	symbol
עָנָף (ז.)	branch (noun)
פּוֹלִיטִיקָה (נ.)	politics
פַּס (ז.)	stripe
צֶדֶק (ז.)	justice
רִבּוֹנוּת (נ, ריבונות)	sovereignty
רָשׁוּת (נ., ר. רשויוֹת)	branch (political), jurisdiction
רִשְׁמִי	official (adjective)
תּוֹשָׁב (ז.)	resident

דגל הקונפדרציה הוא סמל בעייתי בארה"ב. מה קרה עם הדגל ב-2015?

יש פיוט ידוע "יא רבון עלם ועלמייא"

מצאו את הפיוט. באיזו שפה הוא? על מה הוא?

כמה תושבים יש בתל-אביב? בחיפה? בבאר-שבע?

מי אמר "אל תדין את חברך עד שתגיע למקומו"? מה המשפט המקביל באנגלית?

t1

מדינת ישׂראל

ישׂראל היא דמוקרטיה פרלמנטארית. הרשות המחוקקת היא הכְּנֶסֶת, והרשות המבצעת היא הממשלה. הכנסת והממשלה נבחרות כל ארבע שנים, והנשׂיא, שיש לו מעמד ייצוגי, נבחר פעם בשבע שנים. ברשות השופטת יש בתי משפט מחוזיים ובית משפט גבוה לצדק. בנוסף, יש לישׂראל מערכת של בתי משפט דתיים, בהם יושבים דיינים כשופטים.

בכנסת יושבים מאה ועשׂרים נציגים של המפלגות השונות. כל אזרח מעל גיל שמונה עשׂרה יכול לבחור, וכל אזרח מעל גיל עשׂרים ואחת יכול להיבחר. אין מפלגה אחת שהיא מספיק חזקה כדי להרכיב ממשלה, ולכן הממשלות בנויות על קואליציה. שתי המפלגות היריבות המסורתיות הן מפלגת הליכוד ומפלגת העבודה-- בבחירות של 2015, לכנסת העשרים, מפלגת

העבודה ומפלגת ״קדימה״ רצו ביחד כ״המחנה הציוני.״ ראש הממשלה נבחר בבחירות ישירות.

לישראל אין חוקה רשמית, אבל יש לה מספר חוקי יסוד. אחד מחוקי היסוד הוא חוק השבות, המעניק לכל יהודי העולה לארץ את הזכות לאזרחות ישראלית.

יום העצמאות של ישראל נחגג בה׳ באייר, שהוא יום הכרזת העצמאות ב-1948 (תש״ח).

דגל ישראל הוא בצבעים כחול ולבן, כצבעי הטלית. הרקע הוא לבן, ועליו שני פסי תכלת (כחול בהיר). במרכז הדגל, בין הפסים, מגן דוויד, שהוא סמל לריבונות ולעצמאות.

הסמל הרשמי של המדינה הוא מנורה עם שבעה קנים ושני ענפי זית וביניהם המילה ״ישראל.״

תרגיל 1: סמנו נכון (✓), לא נכון (✗), אי אפשר לדעת (?).

הנשיא נבחר פעם בשבע שנים. ✓ ✗ ?

מפלגת הליכוד היא המפלגה היותר גדולה. ✓ ✗ ?

לישראל אין חוקה רשמית. ✓ ✗ ?

הממשלה מחוקקת את החוקים בישראל . ✓ ✗ ?

שאלות הבנה:

מה הן שלוש הרשויות בישראל?

כל כמה שנים יש בחירות לכנסת?

מדוע בנויות ממשלות ישראל על קואליציה?

מהו חוק השבות?

מהם סמלי מדינת ישראל?

שאלות הרחבה:

מה מַגְדִּיר דמוקרטיה?

מה ידוע לך על הרשות המחוקקת והרשות המבצעת בארצות הברית?

מי נשיא ארצות הברית עכשיו? מי הסְגָן שלו?

מי ראש הממשלה של ישראל עכשיו? ומי הנשיא שלה?

למה יש מנורה וענפי זית בסמל הרשמי של ישראל?

מתי אנשים משתמשים בטלית?

איך אפשר לקבל אזרחות בארצות הברית?

למה יש לישראל חוקי יסוד ולא חוקה?

> מהו "המשמר האזרחי"?

☺☺ **תרגיל בשיחה:**

דברו על חוק השבות ועל השאלות שהוא מעורר.

> באחד משירי המעלות הידועים נאמר "שובה ה' את שביתנו כאפיקים בנגב." איפה נמצא השיר? מה עוד יש בו? מהו "שיר מעלות"?

תרגיל חשיבה:

מה זה "אזרחי"?

מאיפה בא המושג "בחירות"? מה זה "בחירות ישירות"?

איך אומרים בעברית basic?

איך אומרים בעברית regional?

איך אומרים בעברית governmental?

איך אומרים בעברית judicial?

איך אומרים בעברית president (feminine)?

> מה זה "דואר רשום"? כמה עולה לשלוח מכתב בדואר רשום בארץ?

מה זה "שופט מחוזי"?

מה היא "הַכְרָזָה"?

§9.1 Passive verb patterns

The Hebrew verb system has three passive patterns, that is, verb patterns in which verbs indicate passive action (an action described from the perspective of the object on which it is carried). The use of these passive patterns has steadily decreased throughout the ages, especially in the spoken language. In today's language the most frequently used passive pattern is the Nif'al. The other two, Pu'al and Huf'al, are used occasionally.

In addition to the full passive patterns, the verb pattern Pa'al has a passive participle (or present-tense form), בינוני פעול, which describes a state or a situation, and is mostly used as an adjective:

הבנק כבר היה סגור כשבאתי לשם.

Compare to the pattern נפעל, often used to describe a <u>passive action</u>:

הבנק נסגר על -ידי המנהל.

 In English, both action and state are described by the same "-ed" form:

The bank <u>was</u> already <u>closed</u> by the time I got there (state).

The bank <u>was closed</u> by the director (action, passive parallel of "the director closed the bank").

The distinction between the two is, therefore, not immediately clear to learners who are speakers of English.

Generalizations about the distributions of meaning and some examples of the way the patterns are used are given below:

פָּעַל (אקטיבי) נִפְעַל (פסיבי) בינוני פָּעוּל (מצב)

הִפְעִיל (אקטיבי) הֻפְעַל/הָפְעַל (פסיבי)

פִּעֵל (אקטיבי) פֻּעַל (פסיבי)

דוגמאות:

פעולה אקטיבית: סוגרים את הבנק בחמש (פעל).

פעולה פסיבית: הבנק נסגר בחמש (נפעל).

מצב: הבנק סָגוּר אחרי חמש (בינוני פעול).

Passive forms
פעלים פסיביים

פעולה אקטיבית: הם החליטו לנסוע לאירופה בשנה הבאה (הפעיל).

פעולה פסיבית: הֻחְלַט לנסוע לאירופה בשנה הבאה (הופעל).

פעולה אקטיבית: הן השלימו את העבודה אתמול (הפעיל).

פעולה פסיבית: העבודה הושלמה אתמול (הופעל).

פעולה אקטיבית: מדברים על הנושא הזה כל הזמן (פיעל).

פעולה פסיבית: על מה מְדֻבָּר (מדובר, פועל)?

פעולה אקטיבית: הם בישלו את הבשר במיים (פיעל).

פעולה פסיבית: הבשר בושל במיים (פועל).

מהו הביטוי "מקום מִבְטָחִים"?

פעולה אקטיבית: ביטחנו את האוטו. (פיעל).

פעולה פסיבית: האוטו בוטח בביטוח מקיף (פועל).

נטיות:

בינוני פעול:

כָּתוּב כְּתוּבָה כְּתוּבִים כְּתוּבוֹת

קָנוּי קְנוּיָה קְנוּיִים קְנוּיוֹת

מי היה השגריר הראשון של ישראל בארצות הברית? מי השגריר עכשיו?

בעבר: היה כתוב, היתה כתובה, היו כתובים, היו כתובות.

(הכל היה כתוב במכתב, ואז הבנתי מה קרה)

בעתיד: יהיה כתוב, תהיה כתובה, יהיו כתובים, יהיו כתובות.

(הכל יהיה כתוב במכתב, וכשתקראי תדעי מה לעשות)

הופעל:

הֻבְטַחתי, הֻבטַחת, הֻבְטַחנו, הֻבְטחו. (הובטחתי, הובטחת)

מֻבְטַח, מֻבְטַחַת, מֻבְטָחים, מֻבְטָחות. (מובטח, מובטחת)

אֻבְטַח, תֻּבְטַח, נֻבְטַח, יֻבְטְחו. (אובטח, תובטח)

מאיפה בא המושג "הארץ המובטחת"?

(ארץ ישראל נקראת גם "הארץ המובטחת."; הובטח לנו מקום בקונצרט.)

פועל:

שֻׁגַּרתי, שֻׁגַּרת, שֻׁגַּרנו, שֻׁגַּרו (שוגרתי, שוגרנו) ["לשגר" כמו "לשלוח"]

משֻׁגָּר, משֻׁגֶּרת, משֻׁגָּרים, משֻׁגָּרות (משוגר)

אשֻׁגַּר, תשֻׁגַּר, נשֻׁגַּר, ישֻׁגְּרו (אשוגר, נשוגר)

איך התמודדה ישראל עם טילי גראד וטילים אחרים ששוגרו מרצועת עזה? מה המצב העכשווי ב"עוטף עזה"?

(אפולו 13 שוגרה לירח בשנת 1970.)

כמה דוגמאות לשימושי הבניינים הפסיביים פועל והופעל:

הבשׂר הזה בושל יותר מדי— הוא קשה ולא טעים. מישהו פה לא יודע לבשל! (מישהו פה בישל את הבשר יותר מדי!)

זֵכר השואה הונצח במוזיאון יד ושם בישׂראל (הנציחו את זכר השואה במוזיאון יד ושם).

הם מאוד אוהבים בייִת מסודר ונקי (לכן הם מסדרים את הבייִת כל שבוע).

מה הוחלט בישיבה? אתן הייתן שם, מה החלטתן?

תרגיל 2: סמנו את הפעלים הפסיביים במשפטים הבאים, וכתבו משפט אקטיבי מקביל, לפי הדוגמאות למעלה.

1. תפוחי האדמה טוגנו בשמן חם.

2. מתי הורגשה רעידת האדמה בפעם הראשונה?

3. מה קרה? למה בוטלו כל הקונצרטים?

4. החדרים סודרו, אבל הם לא היו נקיים.

5. אני באמת לא יודעת מה הובטח לכם, אבל אנסה לעשות הכל בשבילכם.

6. השיר יושר בפעם הראשונה בפסטיבל באירופה.

7. הספר הראשון שלך הוחזר לספרייה בשלושה ביוני, אבל הספר השני אף פעם לא הוחזר.

§9.2 The preposition “by”

The preposition often used with passive verbs is על-ידי, by:

מילת היחס שבה אנחנו משתמשים עם פעולות פסיביות היא על-ידי (by)

עַל-יָדַי עַל-יָדֶיךָ עַל-יָדָיו עַל-יָדֵינוּ עַל-יְדֵיכֶם (בעברית מדוברת עַל-יָדיכם)

(הנטייה כמו של על, אל, לפני, אחרי)

המכונית נמכרה על-ידינו-- אנחנו מכרנו את המכונית.

תפוחי האדמה טוגנו על-ידיו-- הוא טיגן את תפוחי האדמה.

שימו לב: במשפטים סתמיים, בהם לא חשוב מי ביצע את הפעולה, לא צריך "על-ידי":

הכוסות נשברו. (שברו את הכוסות.)

הספרים נוקו והוכנסו לארונות (ניקו את הספרים והכניסו אותם לארונות).

תרגיל 3: כתבו את המשפטים מחדש כמשפטים פסיביים והשתמשו בנפעל, וכשצריך ב"על-ידי".

דוגמא: סגרנו את הבנק. (אקטיבי) הבנק נסגר על ידינו (פסיבי, נפעל).

הם כתבו מכתבים. ______________________

הן קנו מתנה בשבילי. ______________________

חיים מסר את הכדור לאורן. ______________________

נגמור את העבודה בחמש. ______________________

יקראו למקום הזה על שם הנשיא. ______________________

החיילים שומרים על המחוז. ______________________

לא מצאו את הכסף. ______________________

האזרחים יבחרו את הממשלה החדשה. ______________________

כמה דוגמאות לשימושי הבינוני הפעול:

אני לא בטוחה, אבל חשבתי שראיתי אותו אתמול ברחוב.

מה שאתה אומר חשוב מאוד! אני חושב על זה כל הזמן.

למה את עצובה? מה העציב אותך?

אסור לנו להיכנס לבניין הכנסת היום. השומרים אסרו על כל האנשים להיכנס.

ברוכים הבאים! אנחנו מברכים את מי שבא.

השולחן ערוך לארוחה. אמא ערכה אותו.

אנחנו פשוט צריכים למצוא את המקום במפה ואז אנחנו יכולים ללכת לשם. זה לא קשה!

אין לנו מספיק נתונים כדי לפתור את החידה. לא נתתם לנו מספיק אינפורמציה!

הביית כבר מכור. רצינו לקנות אותו היום, אבל הוא נמכר אתמול. חבל שהם מכרו אותו!

תרגיל חשיבה:

המילה העברית ל rhyme היא חָרוּז. חפשו את האטימולוגיה של המילה, ונסו להבין מאיפה היא באה.

בשירה בכל התקופות נעשה שימוש במבנים של חֲרִיזָה, במספר קָבוּעַ של שוּרוֹת או בתים, ולפעמים במספר קבוע של הֲבָרוֹת. למשל, בסוֹנֶטָה אנגלית יש ארבעה בתים, בשניים הראשונים ארבע שורות ובשניים האחרונים שלוש שורות בכל ביית. בהייקו המסורתי יש שלוש שורות ובסך הכל שבע-עשרה הברות (חמש בשורה הראשונה והשלישית, ושבע בשנייה).

משהו כמו:

עצים עֲצוּבִים
מַמְתִּינִים לגשם רַךְ
הקייץ לוֹהֵט

ואם מדברים על מבנה של שירים, לפניכם חמשיר:

מצאו חמשירים בעברית ובאנגלית והביאו אותם לכיתה.

מעשה בבחור שמו אפריים
שחיפש אהבה על המיים
על שפת הכינרת
פגש בתיירת
ומאז אוהבים הם בשניים!

מהיכן באה המילה "חמשיר"? מה מיוחד בחמשירים?

תרגיל 4: כתבו את המשפטים מחדש כמשפטים פסיביים והשתמשו בבינוני הפעול.

דוגמאות: רינה פותחת את הדלת (אקטיבי). הדלת פתוחה (מצב, בינוני פעול)

הם לובשים בגדים (אקטיבי). הם לבושים (מצב, בינוני פעול).

הן יכתבו את השירים בעט (אקטיבי). השירים יהיו כתובים בעט (מצב, בינוני פעול, עתיד)

הן סוגרות את החנות. ______________________

הן מוכרות שׂמלות. ______________________

אנחנו קונים את הבית.______________________

הם שתו יותר מדי יין.______________________(They were drunk)

מישהו ישבור את הצלחות.______________________

נגמור את השיעורים.______________________

תרגיל 5: כתבו את המשפטים מחדש כמשפטים פסיביים והשתמשו בפוּעַל. בשלושת המשפטים האחרונים יש לפועל שורש מרובע (שורש עם ארבע אותיות).

הן בישלו את הבשר (אקטיבי). הבשר בושל (פסיבי, פועל).

למה לא טיגנתן את האורז? ______________________

אנחנו נשלם את החשבון. ______________________

כבר ניסיתם את המכונית? ______________________

היא תשנה את השם שלה. ______________________

אלאדין **שיפשף** את המנורה ויצא ג׳ין. ______________________

איך **איבחנ**תם את המחלה? ______________________

מתי ת**תַגְבְּר**ו את השמירה? ______________________

תרגיל 6: כתבו את המשפטים מחדש כמשפטים פסיביים והשתמשו בהוּפְעַל.

דוגמא: הן הכתיבו את המכתב במהירות (אקטיבי). המכתב הוכתב במהירות (פסיבי, הופעל)

במקסיקו הרגישו רעידת-אדמה. ______________________

האבא ילביש את הילדים. ______________________

הוא יכניס את הכלב הביתה. ______________________

העברנו את הכדור מיד ליד. ______________________

יכניסו את כל התלמידים למקום בטוח. ______________________

משהו מכריח אותי לדבר. ______________________

משפחות מילים:

השתמשו במילון והסבירו איך המילים קשורות זו לזו :

בחר בְּחִירוֹת נבחר בחוּר

נכנס כניסה הכניס הַכְנָסָה כְּנֶסֶת כִּנּוּס התכַּנְּסות

תושב ישב מוֹשב שוּב הוֹשיב ישיבה

צֶדֶק צוֹדק הצדיק צָדיק צִדּוּק צְדָקָה הִצְטַדְּקוּת

עמד עמוּד מַעֲמָד מָעֳמָד (הופעל) עֶמְדָּה עָמִיד (כמו חלב עמיד)

נָשָׂא נָשִׂיא מִתְנַשֵּׂא נָשׂוּא

פֶּלֶג פִּלּוּג מִפְלָגָה הִפְלִיג פְּלֻגָּה

גִּיֵּס גִּיּוּס הִתְגַּיְּסוּת

מהו "חלב עמיד"? מה עושה אותו עמיד?

חפשו: מה עשו כמה מהנשיאים לפני שנבחרו לנשיאות? שניים מהם היו מדענים. מי הם?

מהו גיוס בצו שמונה?

נשיאי ישראל:

חיים וייצמן (1948-1952)

יצחק בן צבי (1952-1963)

זלמן שזר (1963-1973)

אפרים קציר (1973-1978)

יצחק נבון (1978-1983)

חיים הרצוג (1983-1993)

עזר וייצמן (1993-2000)

משה קצב (2000-2007)

שמעון פרס (2007-2014)

ראובן ריבלין (מאז 2014)

מהו הוויכוח בארץ על גיוס בחורי ישיבה? על גיוס חרדים לצבא?

מהו "גייס חמישי"? מאיפה בא הביטוי? האם ידוע לכם על מקרה שבו אזרחים מקבוצה מסויימת בארצות הברית נחשדו כגייס חמישי והוחזקו במחנות?

תרגיל בשיחה: ☺☺

דברו על נשיאי ישראל : באילו שנים כִּיהֲנוּ כנשיאים, כמה שנים כיהנו, מי בא לפני/אחרי מי.

ספרו על הבחירות האחרונות בארצות הברית. מי נבחר? מה אתם חושבים על זה?

דברו על בעיות אתיות בפוליטיקה.

דברו על בעיות ביחסים בין ישראל לבין ארצות הברית.

נושׂאים לכתיבה:

אחד מחוקי היסוד של מדינת ישׂראל

ביוגרפיה של אחד מנשׂיאי ישׂראל

התפקיד של הנשיא בארצות הברית ובישראל

אזרחים צריכים להשתתף בבחירות

למה אני רוצה (או לא רוצה) לכהן כנשיא/ למה אני רוצה (או לא רוצה) לכהן כנשיאה

המפלגות הגדולות בארצות הברית

בעייה משפטית מעניינת

פעילות יוצרת:

סטודנטים מציירים מודעות בחירות

בעיר שלנו: סטודנטים מציירים כרזות לבחירות של ראש העיר

סטודנטים מציירים את סמל העיר

תרבות פרלמנטרית צייר גיל זילכה

יחידה י

yod 1 מילים חדשות

בַּעַד, בְּעַד	for, in support of
הִגִּיעַ (להגיע)	arrive, reach (verb)
הִדְאִיג (להדאיג)	concern, worry (verb)
הוֹבִיל (להוביל)	lead (verb), carry forward
הִשְׁקִיעַ (להשקיע)	invest
מַכְשִׁיר (ז.)	instrument, gadget
נֶגֶד	against
עֹנִי (עוני, ז.)	poverty
עֵצָה (נ.)	advice
עֲשִׂירוֹן	tenth percentile
פִּתַּח (גם פִּתֵּחַ, פיתח, לפתח)	develop
רִאְיֵן (ראיין, לראיין)	interview (verb)
רְפוּאָה (נ.)	health, medicine
תִּסְכֵּל (לתסכל)	frustrate
תַּעֲשִׂיָּה (תעשייה, נ.)	industry
תְּרוּפָה (נ.)	medication

כמה אנשים בישראל חיים מתחת לקו העוני?

y 1

מדינת ישראל נחשבת לאחת המדינות היותר מפותחות מבחינה תעשייתית. ענפי-תעשייה חזקים בישראל הם היהלומים, ההיי-טק והביו-טק, התרופות, והמזון.

לחברות הטכנולוגיה הגדולות בעולם כמו אינטל, מיקרוסופט, גוגל, אפל, איי בי אם, והיולט פקרד יש מרכזים גדולים בישראל. בישראל קמות חברות סטארט-אפ שחלק מהן מצליחות מאוד בשוק העולמי. כ- 10,000 חברות סטארט-אפ הוקמו בישראל בין 1999 ו-2014. 2.5% מהן הצליחו מאוד (הגיעו למכירות שנתיות של 100 מיליון דולר ויותר והעסיקו יותר מ-100 עובדים).

חברת התרופות הגדולה בישראל היא טבע, שהיא אחת מחברות התרופות הגדולות בעולם המתמחות בתרופות גנריות. לפי דו״ח של פארמה ישראל מ-2014, כל שנה נערכים כ-1500 ניסויים קליניים חדשים במרכזים רפואיים ברחבי הארץ, בעיקר בתחום התרופות ובהשקעה של למעלה מ- 1.2 מיליארד שקל בשנה. המחקר על שימוש רפואי במריחואנה מאוד מפותח בישראל—השימוש לצרכי רפואה חוקי בארץ משנת 2010. תרופות כמו האינטרפרון (לטיפול בסרטן) והאקסלון (לטיפול במחלת האלצהיימר ובדמנציה) פותחו בארץ.

ישראל היא אחת המדינות המובילות בעולם בתחום המכשור הרפואי. יש בארץ מאות חברות המייצרות מכשירים רפואיים המשמשים בסי.טי., אמ. אר. איי ואולטרסאונד; ביוסנסורים, שתָלים, חיישנים, מצלמות אנדוסקופיות ועוד.

ישראל חברה בארגון המדינות המתועשות (OECD) מאז 2010. לפי דו״ח של הארגון מ-2014, אחוז העוני בישראל הוא כמעט 21%, גבוה מאוד בהשוואה לממוצע המדינות החברות בארגון, כ 11%. לפי הדו״ח, העשירון העליון בישראל מרוויח בממוצע פי ארבע עשרה מהעשירון התחתון, בהשוואה לממוצע של פי תשע וחצי במדינות הארגון.

✍ תרגיל 1: סמנו נכון (✓), לא נכון (✗), אי אפשר לדעת (?).

התעשייה במדינת ישראל מפותחת מאוד. ✓ ✗ ?

תעשיית היהלומים היא אחת התעשיות החזקות בישראל. ✓ ✗ ?

אחוז העוני בישראל נמוך מהממוצע בארגון המדינות התעשייתיות. ✓ ✗ ?

בישראל יותר קל לעשות ניסויים קליניים מאשר בארצות הברית. ✓ ✗ ?

רוב חברות הסטארט-אפ שהוקמו בישראל הצליחו מאוד. ✓ ✗ ?

שאלות הבנה:

מה הם ענפי התעשייה החזקים בישראל?

מהי חברת התרופות הגדולה בארץ? אילו תרופות היא מייצרת?

מצאו מידע על תרופות ומכשירים רפואיים שהומצאו בישראל.

ממתי מותר שימוש רפואי במריחואנה בארץ?

מה הקטע אומר על הבדלי הכנסה בישראל?

שאלות הרחבה:

מה הן חברות המזון הגדולות בארץ?

מה זה "חברת סטארט-אפ"?

מהו מכון וייצמן למדע?

מהי דמנציה?

מהי תרופה גנרית?

בקרו באתרים של חברת "טבע" ושל "פארמה ישראל," והביאו מידע לכיתה.

מי היה הפילוסוף הידוע, בן המאה השבע עשרה, שהוחרם על ידי הקהילה היהודית?

yod 1(continued) מילים חדשות

אֹהֶל (ז., אוהל)	tent
הִפְגִּין (להפגין)	demonstrate (in protest)
הִתְפַּשֵּׁט (להתפשט)	spread (verb, intransitive)
הִתְרַחֵב (להתרחב)	expand, broaden (intransitive)
חֵרֶם (ז., ר. חֲרָמִים/חרמות)	boycott (noun), excommunication
יַחַס (ז.)	relation, relatedness
מְחָאָה (נ.)	protest (noun)
צַרְכָן (ז.)	consumer
שָׂכָר (ז.)	wages

שני שירֵי מחאה שנכתבו בארץ הם "חד גדייא" ו"אין לי ארץ אחרת." מה אתם יודעים על השירים האלה?

y 2

בשנת 2011 פרצה בישראל מחאה קשה שהתחילה עם הפגנות בנושא המחסור בדירות והתרחבה לכלול נושאים חברתיים אחרים. המחאה התפשטה בפייסבוק ובעקבותיה קמו ערי

אוהלים בשדרות רוטשילד בתל-אביב ובמקומות אחרים. מאז שנת 2007 היתה עלייה במחירי הדירות בארץ—בין 2007 ו-2011 המחירים עלו ב-39% יחסית לשכר הממוצע בארץ. בשנת 2011 פרצה גם "מחאת הקוטג'", חרם צרכנים על קוטג' ומצרכים אחרים. גם מחאה זו התחילה בפייסבוק, ובעקבותיה הורידו חברות כתנובה את מחירי הקוטג' ומוצרי חלב אחרים.

☺☺ תרגיל בשיחה:

דברו על שימוש רפואי במריחואנה, ועל הבעיות האתיות שיכול ליצור שיתוף פעולה במחקר בין מוסדות אקדמאיים וחברות תרופות פרטיות.

עשו סקרים של בעד ונגד: חיסון ילדים נגד מחלות; נישואים חד-מיניים; המתת-חסד (אותָנָסיה); תפילה בבתי ספר ציבוריים; נשיאת-נֶשֶק בקמפוס

דברו על תנועות מחאה באמריקה ובעולם.

דברו על תנועות שהתפשטו בפייסבוק.

דברו על החרם הערבי ועל תנועת הבי.די.אס.

תרגיל חשיבה:

פעם קראו לסופרמרקט "צרכנייה." הסבירו את המילה!

הסבירו את הביטוי "יחסית ל..." ואיך הוא קשור למילה "יחס."

מהי "תורת היחסות"?

§10.1 Interviews with learners of Hebrew

ראיונות עם לומדי עברית

האם עברית היא שפה קשה? מה צריך סטודנט שלומד עברית כשפה זרה לעשות כדי להגיע לרמה גבוהה של שימוש בלשון?

בשנת 1999 ערכנו באוניברסיטה של טקסס באוסטין סידרת ראיונות עם סטודנטים שלמדו עברית במקומות שונים בעולם, והרגישו מספיק נוח להתראיין בנושא. הקשיבו לדברים שהם מספרים, ודברו עליהם ועל הניסיון שלכם בלימוד השפה. השאלות הבאות יעזרו לכם לארגן את המידע. כל הראיונות נמצאים תחת "sound bites" באתר שלנו. את הרעיונות ערך והפיק ירון שמר.

תרגיל 2: הקשיבו לקטעים הנקראים "about me" וסכמו את הדברים בטבלה הבאה.

מרואיין/מרואיינת	ארץ הלידה	שפת האם	איפה למד/ה עברית?	מה עשה/עשתה ב-1999?
אנט				
ברנדה				
דניאל				
דן				
היידי				
ליאנה				
משה				
נטלי				
פטרישיה				
רובין				

תרגיל 3: הקשיבו לקטעים, וענו על השאלות.

איך מסביר דניאל את החשיבות של לימוד השפה העברית? ("the importance of Hebrew")

כמה מהמרואיינים מדברים על לימודים ב"מכינה" וב"אולפן." מה אתם יודעים על אלה?

רובין אומרת ב"about me" : "העברית שלי נורא חלודה." למה היא אומרת את זה? שימו לב שמשה אומר דבר דומה! ("my Hebrew now")

רובין מספרת ב "in Israel" שהיא עברה בחינת "פטור." איזו בחינה זאת? אילו מילים אחרות מהשורש פ.ט.ר אתם מכירים?

דניאל אומר ב "learning Hebrew in Canada and the US": "לא מלמדים כמו שצריך, לדעתי, בחו"ל או ארצות הברית." מה הדוגמא שהוא נותן? איך מתקשרים הדברים שלו לדברים שאומרים אנט ומשה ב "about me"?

מה אומרת היידי על לימוד ילדים? ("final comments")

היידי מספרת ב "some anecdotes" על משהו מצחיק (וקצת מביך) שקרה לה. דברים כאלה קורים לכל לומד שפה. ספרו על מקרה מצחיק או מביך שקרה לכם עם השפה!

נושא המבטא עולה כמעט בכל הראיונות שערכנו.

מה מספרת היידי על המבטא שלה? ("Hebrew vs. other languages")

למה אנשים חשבו שרובין גדלה בישראל? ("on sounding like an Israeli")

מה חשבו אנשים על אנט? איך היא הגיבה? ("interaction with Israelis")

איך מסכם דן את הרגשתו בנושא? ("my accent")

הניסיון של נטלי שונה משל כולם. מה היתה ההרגשה שלה? ("my accent")

על מה התלוננו חברים של משה שלמדו עברית? למה הוא לא חשב שזה קשה במיוחד? ("Hebrew and other languages")

מרואיינים רבים למדו יותר משפה אחת. מה עזר לדניאל ("learning other languages"), לרובין ("Hebrew and other languages") ולהיידי ("Hebrew vs. other languages") ללמוד עברית? מה עזר לדניאל בלימוד השפה הספרדית? ("learning other languages") ולליאנה בלימוד הצרפתית ("Hebrew vs. French")? האם יש דברים שעזרו לכם או הפריעו לכם בלימוד עברית או שפה אחרת?

ברנדה, שלמדה גם עברית וגם ערבית, משווה את שתי השפות וטוענת שעברית היא שפה קלה. מה ההסבר שלה? ("on Hebrew and Arabic")

אנט מספרת ב "final comments" על מילה מיוחדת שהיא אוהבת. מה המילה? האם יש מילה מיוחדת בעברית שאתם אוהבים? למה?

ליאנה מדברת על משהו שמתסכל אותה ("future progress"). מה מתסכל אתכם בלימוד העברית? שאלו חברים לכיתה מה מתסכל אותם.

מה מדאיג את רובין? ("my Hebrew now") איזו עצה הייתם נותנים לה לו יכולתם לדבר איתה?

מה דעתכם על העצה שנותנת ברנדה ב "final comments"?

תרגיל חשיבה:

למה מתכוונים כשאומרים על בית שהוא "מוּשְׁקָע"?

מאיפה בא המילה "מרואיין"?

איך אומרים בעברית frustration?

איך אומרים בעברית concerned, worried?

פעילות יוצרת:

סטודנטים מביאים תמונות לכיתה וכותבים הייקו על התמונות.

סטודנטים מציירים מודעות פרסומת לתוכנית העברית באוניברסיטה שלהם.

סטודנטים מציירים דברים שמדאיגים אותם.

Glossary, Hebrew/English

א

116	lake	אָגָם (ז.)
137	steam (verb)	אִדָּה (אידה, לאדות)
35	red	אָדֹם (אדום, נ. אֲדֻמָּה אדומה)
164	tent	אֹהֶל (ז., אוהל)
1	bus	אוֹטוֹבּוּס (ז.)
82	population	אוֹכְלוּסִיָּה (נ.)
116	ocean	אוֹקְיָאנוּס (ז.)
98	the same, the same thing	אוֹתוֹ הַדָּבָר
150	citizen	אֶזְרָח (ז.)
98	percent	אָחוּז (ז.)
122	other, different	אַחֵר (נ. אחרת)
116	island	אִי (ז.)
86	impossible	אִי אֶפְשָׁר
133	bathtub	אַמְבַּטְיָה (נ.)
43	practice (noun)	אִמּוּן (ז., אימון)
25	artist	אָמָּן (אוֹמן, ז., נ., אומנית)
25	art, the arts	אֳמָנוּת (נ., אומנות)
1	boat, ship	אֳנִיָּה (נ., אונייה)
86	forbidden, prohibited	אָסוּר
133	commode, toilet	אַסְלָה (נ.)
90	no one, nobody	אף אחד לא..., לא... אף אחד.
90	never	אף פעם לא..., לא... אף פעם.
137	bake	אָפָה (לאפות)
35	grey	אָפֹר (נ. אֲפוֹרָה)
86	possible	אֶפְשָׁר
43	stadium	אִצְטַדְיוֹן (ז.)
43	at (someone's place)	אֵצֶל
133	closet, cabinet, cupboard	אָרוֹן (ז., ר. ארונות)
82	event	אֵרוּעַ (ז., אירוע)
29	that, which, who	אֲשֶׁר
1	site (noun), place	אֲתָר (ז.)

ב

86	usually	בְּדֶרֶךְ כְּלָל
35	light (shade), clear, fair (complexion)	בָּהִיר (ז., נ. בְּהירה)
150	elect, choose	בָּחַר (לבחור)
116	between	בֵּין
133	meanwhile, in the meantime	בֵּינְתַיִם (בינתיים)

70	spend time (somewhere, with someone)	בִּלָּה (בילה, לבלות)
43	without	בִּלְעֲדֵי
98	during	בְּמֶשֶׁךְ
162	for, in support of	בַּעַד, בְּעַד
150	carry out, execute an action	בִּצַּע (ביצע/ביצֵעַ, לבַצֵּעַ)
1	visit (verb)	בִּקֵּר (ביקר, לבקר)
15	choice	בְּרֵירָה (נ.)

ג

82	heroism	גְּבוּרָה (נ.)
98	Mrs., madam, mistress	גְּבֶרֶת (נ.)

ד

150	flag (noun)	דֶּגֶל (ז.)
98	resembling, similar	דּוֹמֶה
98	generation	דּוֹר (ז., ר. דורות)
133	door	דֶּלֶת (נ., ר. דְלָתות)
15	south	דָּרוֹם (ז.)
82	religion	דָּת (נ.)
82	religious	דָּתִי

ה

64	bring	הֵבִיא (להביא)
1	understand	הֵבִין (לְהָבִין)
162	arrive, reach (verb)	הִגִּיעַ (להגיע)
162	concern, worry (verb)	הִדְאִיג (להדאיג)
162	lead (verb), carry forward	הוֹבִיל (להוביל)
133	add	הוֹסִיף (להוסיף)
133	decide	הֶחְלִיט (להחליט)
116	(the) most	הֲכִי
1	prepare (transitive)	הֵכִין (לְהָכִין)
1	be acquainted/familiar with	הִכִּיר (לְהַכִּיר)
133	bring in, take in	הִכְנִיס (להכניס)
150	declare	הִכְרִיז (להכריז)
64	look, watch (verb)	הִסְתַּכֵּל ב.../על (להסתכל)
70	wake up (transitive)	הֵעִיר (להעיר)
164	demonstrate (in protest)	הִפְגִּין (להפגין)
43	lose (a game, money, opportunity)	הִפְסִיד (לְהַפְסִיד)
29	regret (verb)	הִצְטַעֵר (להצטער)
1	offer, proposal, suggestion	הַצָּעָה (נ.)
5	be early, move to an early time	הִקְדִּים (להקדים)

25	lecture, talk (noun)	הַרְצָאָה (נ.)
162	invest	הִשְׁקִיעַ (להשקיע)
64	use (verb)	הִשְׁתַּמֵּשׁ ב... (להשתמש ב...)
5	begin, start (verb)	הִתְחִיל (לְהַתְחִיל)
1	beginning	הַתְחָלָה (נ.)
70	prepare (intransitive)	הִתְכּוֹנֵן (להתכונן)
70	get dressed	הִתְלַבֵּשׁ (להתלבש)
5	get situated, locate oneself	הִתְמַקֵּם (להתמקם)
5	experience (verb)	הִתְנַסָּה ב... (להתנסות ב...)
29	apologize	הִתְנַצֵּל (להתנצל)
5	wake up (intransitive)	הִתְעוֹרֵר (להתעורר)
5	advance (verb), move forward	הִתְקַדֵּם (להתקדם)
133	shower (verb)	הִתְקַלֵּחַ (להתקלח)
64	get used to	הִתְרַגֵּל ל... (להתרגל ל...)
5	get excited	הִתְרַגֵּשׁ (להתרגש)
164	expand, broaden (intransitive)	הִתְרַחֵב (להתרחב)
70	bathe (intransitive), take a bath	הִתְרַחֵץ (להתרחץ)

ו

133	curtain, drape (noun)	וִילוֹן (ז., ר. וילונות)
35	pink	וָרֹד (ורוד, נ. וְרֻדָּה ורודה)

ז

98	identical	זֵהֶה
150	olive	זַיִת (זיית, ז., ר. זֵיתִים)
150	right (for something), privilege	זְכוּת (נ., ר. זכויות)
82	memory, memorial	זִכָּרוֹן (ז., ר. זכרונות)
15	time, tense (noun)	זְמַן (ז.)

ח

82	holiday, festival	חַג
82	celebrate	חָגַג (לחגוג)
133	room (in a house)	חֶדֶר (ז.)
133	walk-in closet	חֲדַר אֲרוֹנוֹת (ז.)
133	workroom, office	חֲדַר עבודה (ז.)
133	bedroom	חֲדַר שֵׁינָה (ז.)
133	bathroom	(חֲדַר) שֵׁרוּתִים (שירותים, ז.)
35	brown	חוּם (נ. חוּמָה)
150	legislate	חוֹקֵק (לחוקק)
35	strong	חָזָק (ז., נ. חֲזָקָה)
1	return (verb, intransitive)	חָזַר (לחזור)

1	review (noun), return (noun), rehearsal	חֲזָרָה (נ.)
128	riddle	חִידָה (נ.)
128	puzzle (noun), quiz (noun)	חִידוֹן (ז.)
128	protein	חֶלְבּוֹן (ז.)
133	window	חַלּוֹן (ז., ר. חלונות)
82	secular	חִלּוֹנִי (חילוני)
25	pioneer	חָלוּץ (ז.)
98	weak	חָלָשׁ
64	look for, search (verb)	חִפֵּשׂ (חיפש, לחפש)
116	peninsula	חֲצִי אִי (ז.)
150	law	חֹק (ז., חוק, ר. חֻקִּים, חוקים)
150	constitution	חֻקָּה (נ., חוקה)
35	khaki	חָקִי, חאקי
164	boycott (noun), excommunication	חֵרֶם (ז., ר. חֲרָמִים/חרמות)
150	important	חָשׁוּב
133	electricity	חַשְׁמָל (ז.)
16	desire (noun)	חֵשֶׁק (ז.)

ט

137	fry	טִגֵּן (טיגן, לטגן)
133	garbage disposal, grinder	טוֹחֵן אַשְׁפָּה (ז.)
1	take a trip	טִיֵּל (טייל, לטייל)
150	praying shawl	טַלִּית (נ., ר. טליתות)
16	call on the phone	טִלְפֵּן/טִלְפֵן (טילפן, לטלפן)
1	fly (by plane)	טָס (לטוּס)
82	ceremony	טֶקֶס (ז.)

י

122	dry (adjective)	יָבֵשׁ (נ. יבשה)
116	continent	יַבֶּשֶׁת (נ.)
82	Jewish, a Jew	יְהוּדִי
116	more	יוֹתֵר
164	relation, relatedness	יַחַס (ז.)
1	sea	יָם (ז.)
116	the Mediterranean	הים הַתִּיכוֹן (ז.)
150	base, basis, foundation	יְסוֹד (ז., ר. יסודות)
82	go/come out	יָצָא (לָצֵאת)
150	represent	יִצֵּג (לְיַצֵּג, לייצג)
35	green	יָרֹק (ירוק, נ. יְרֻקָּה ירוקה)
150	direct (adjective)	יָשִׁיר
70	sleep (verb)	יָשֵׁן (לישון)

כ

64	like (preposition), as	כְּ-...
29	when, at the time that...	כַּאֲשֶׁר
82	respect, honor (verb)	כִּבֵּד (כיבד, לכבד)
87	worthwhile	כְּדַאי
43	ball (sports), pill (medication)	כַּדּוּר (ז.)
43	soccer	כַּדּוּרֶגֶל (ז.)
43	basketball	כַּדּוּרְסַל (ז.)
35	dark	כֵּהֶה (ז., נ. כֵּהָה)
16	direction	כִּוּוּן (ז., כיוון)
133	bookshelf	כּוֹנָנִית (נ., ר. כונניות)
35	blue	כָּחֹל (כחול, נ. כְּחֻלָּה כחולה)
29	because	כֵּיוָן (כיוון)
133	sink (noun)	כִּיּוֹר (ז.)
133	stove	כִּירַיִם (ז. או נ., כיריים)
98	generality, rule (noun)	כְּלָל (ז.)
98	certainly, of course	כַּמּוּבָן
98	almost	כִּמְעַט
134	chair (noun)	כִּסֵּא (ז., כיסא, ר. כיסאות)
134	armchair	כֻּרְסָה (נ.,כורסה, ר. כורסאות)
35	orange (color)	כָּתֹם (כתום, נ. כְּתֻמָּה כתומה)

ל

43	national	לְאֻמִּי (לאומי)
35	white	לָבָן (נ. לְבָנָה)
112	if (past, wish)	לוּ, אִלּוּ (אילו)
112	if not (past)	לוּלֵא
43	league, association (sports)	לִיגָה (נ.)
150	therefore	לָכֵן

מ

122	late	מְאֻחָר (מאוחר, נ. מאוחרת)
43	trainer, coach	מְאַמֵּן (ז.)
122	old, grown-up	מְבֻגָּר (מבוגר, נ. מבוגרת)
98	structure (noun)	מִבְנֶה (ז.)
150	star of David	מָגֵן דוויד (ז.)
116	desert (noun)	מִדְבָּר (ז., ר. מִדְבָּרִים/מִדְבָּרִיּוֹת)
134	dishwasher	מֵדִיחַ כֵּלִים, מֵדִיחַ (ז.)
82	state (noun)	מְדִינָה (נ.)
98	scientist	מַדְעָן (ז.)

1	information booth	מוֹדִיעִין (ז.)
25	modern	מוֹדֶרְנִי
1	taxicab	מוֹנִית (נ.), טקסי (ז.)
87	allowed, permissible	מוּתָּר
16	east	מִזְרָח (ז.)
164	protest (noun)	מְחָאָה (נ.)
150	region	מָחוֹז (ז., ר. מחוזות)
134	price	מְחִיר (ז.)
134	computer	מַחְשֵׁב (ז.)
134	kitchen	מִטְבָּח (ז.)
134	bed	מִטָּה (נ., מיטה)
1	airplane	מָטוֹס (ז.)
134	microwave oven	מִיקְרוֹגַל (ז.)
1	car	מְכוֹנִית (נ.)
162	instrument, gadget	מַכְשִׁיר (ז.)
82	full	מָלֵא
64	dictionary	מִלּוֹן (ז., מילון)
116	salt	מֶלַח (ז.)
150	government	מֶמְשָׁלָה (נ.)
82	custom	מִנְהָג (ז.)
82	leader	מַנְהִיג (ז.)
134	lamp	מְנוֹרָה (נ.)
25	frame, framework	מִסְגֶּרֶת (נ.)
82	tradition	מָסוֹרֶת (נ.)
43	transmit, transfer, pass on, deliver	מָסַר (למסור)
82	traditional	מָסָרְתִּי (מסורתי)
82	minority	מִעוּט (ז., מיעוט)
150	status, position, class	מַעֲמָד (ז., ר. מעמדות)
16	west	מַעֲרָב (ז.)
150	system	מַעֲרֶכֶת (נ.)
151	party (political)	מִפְלָגָה (נ.)
29	because	מִפְּנֵי (כיוון)
64	find (verb)	מָצָא (למצוא)
82	commandment, good deed	מִצְוָה (מצווה, נ.)
122	early	מֻקְדָּם (מוקדם, נ. מוקדמת)
134	shower booth, shower (noun)	מִקְלָחוֹן (ז.)
134	shower (noun)	מִקְלַחַת (נ.)
98	occasion, occurrence, event	מִקְרֶה (ז.)
134	refrigerator	מַקְרֵר, מְקָרֵר (ז.)
116	square, squared (adjective)	מְרֻבָּע (מרובע)
1	center (noun)	מֶרְכָּז (ז.)

43	game, acting	מִשְׂחָק (ז.)
151	trial, judgment	מִשְׁפָּט (ז.)
116	underneath, beneath, below	מִתַּחַת
134	metal	מַתֶּכֶת (נ.)

נ

46	be elected, (be) chosen	נִבְחַר (לְהִבָּחֵר, להיבחר)
43	team (sports)	נִבְחֶרֶת (נ.)
162	against	נֶגֶד
43	be finished, over with	נִגְמַר (לְהִגָּמֵר, להיגמר)
116	river	נָהָר (ז., ר. נְהָרוֹת)
151	(be) added	נוֹסַף (לְהִיוָּסֵף, להיווסף)
25	scenery, landscape	נוֹף (ז.)
25	topic, subject	נוֹשֵׂא (ז.)
70	rest (verb)	נָח (לנוח)
43	enter, come in	נִכְנַס (לְהִכָּנֵס, להיכנס)
43	be found, be located	נִמְצָא (לְהִמָּצֵא, להימצא)
46	(be) closed, close (intransitive)	נִסְגַּר (לְהִסָּגֵר, להיסגר)
5	try, attempt (verb)	נִסָּה (ניסה, לְנַסּוֹת)
46	disappear	נֶעֱלַם (לְהֵעָלֵם, להיעלם)
98	(be) made, (be) done, become	נַעֲשָׂה (להיעשׂות)
43	meet with	נִפְגַּשׁ עם... (לְהִפָּגֵשׁ, להיפגש)
47	die, pass away/dispose (of)	נִפְטַר (לְהִפָּטֵר, להיפטר)
43	fall (verb)	נָפַל (לִפּוֹל, ליפול)
43	be injured	נִפְצַע (לְהִפָּצַע, להיפצע)
47	(be) opened, open (intransitive)	נִפְתַּח (לְהִפָּתַח, להיפתח)
43	win, prevail	נִצַּח, נִצֵּחַ (ניצח, לְנַצֵּחַ)
151	representative	נָצִיג (ז.)
98	(be) seen, seem, look like	נִרְאָה (להיראות)
47	remain, stay	נִשְׁאַר (לְהִשָּׁאֵר, להישאר)
151	president	נָשִׂיא (ז.)
116	(be) spilled/poured; fall (river)	נִשְׁפַּךְ (להישפך)

ס

98	reason, cause (noun)	סִבָּה (נ., סיבה)
16	patience	סַבְלָנוּת (נ.)
35	purple	סָגֹל (סגול, נ. סְגֻלָּה סגולה)
98	chance (noun)	סִכּוּי (ז., סיכוי)
134	living room	סָלוֹן, חדר אורחים (ז.)
151	symbol	סֵמֶל (ז.)
134	sofa	סַפָּה (נ.)

ע

16	world	עוֹלָם (ז., ר. עולמות)
5	wake up, arouse (transitive)	עוֹרֵר (לעורר)
44	by (as in done by creator, by actor)	עַל-יְדֵי
82	nation, people	עַם (ז.)
162	poverty	עֹנִי (עוני, ז.)
151	branch (noun)	עָנָף (ז.)
134	wood, tree	עֵץ (ז.)
162	advice	עֵצָה (נ.)
83	independence	עַצְמָאוּת (נ.)
162	tenth percentile	עֲשִׂירוֹן
98	time (noun)	עֵת (נ., ר. עִתִּים)

פ

151	politics	פּוֹלִיטִיקָה (נ.)
116	less	פָּחוֹת
128	carbohydrates	פַּחְמֵימוֹת (נ.ר.)
151	stripe	פַּס (ז.)
25	sculptor	פַּסָּל (ז.)
25	statue, sculpture	פֶּסֶל (ז.)
37	once upon a time, once, an instant	פַּעַם (נ., ר. פְּעָמִים)
83	open (adjective)	פָּתוּחַ
162	develop	פִּתַּח (גם פִּתֵּחַ, פיתח, לפתח)

צ

25	paint, dye, color (noun)	צֶבַע (ז.)
25	watercolors	צִבְעֵי-מַיִם
25	oil paint	צִבְעֵי-שֶׁמֶן
134	side (noun)	צַד (ז., ר. צְדָדִים)
151	justice	צֶדֶק (ז.)
35	yellow	צָהֹב (צהוב, נ. צְהֻבָּה צהובה)
64	form, shape (noun)	צוּרָה (נ.)
25	painter	צַיָּר (ז., צייר)
25	draw (a picture), paint (verb)	צִיֵּר (צייר, לצייר)
137	roast (verb)	צָלָה (לצלות)
134	shade (for window, etc.)	צִלּוֹן (ז.)
16	ring (verb), call on the phone	צִלְצֵל (צילצל, לצלצל)
122	young	צָעִיר (נ. צְעירה)
16	north	צָפוֹן (ז.)
164	consumer	צַרְכָן (ז.)

177

ק

44	team, group (noun)	קְבוּצָה (נ.)
98	receive, get	קִבֵּל (קיבל, לקבל)
98	hope (verb)	קִוָּה (קיווה, לקוות)
134	wall	קִיר (ז., ר. קירות)
98	close, near (adjective)	קָרוֹב

ר

162	interview (verb)	רִאְיֵן (ראיין, לראיין)
151	sovereignty	רִבּוֹנוּת (נ, ריבונות)
116	square, squared (adjective)	רָבוּעַ
83	regular, common	רָגִיל
134	furniture (piece of)	רָהִיט (ז.)
1	train (noun)	רַכֶּבֶת (נ.)
1	idea	רַעְיוֹן (ז., ר. רעיונות)
162	health, medicine	רְפוּאָה (נ.)
87	desirable	רָצוּי
151	branch (political), jurisdiction	רָשׁוּת (נ., ר. רשויות)
134	list (noun)	רְשִׁימָה (נ.)
151	official (adjective)	רִשְׁמִי

ש

83	Holocaust, disaster	שׁוֹאָה (נ.)
90	nothing	שׁוּם דבר לא..., לא... שום דבר
44	judge (noun), referee	שׁוֹפֵט (ז.)
44	play, act (verb)	שִׂחֵק (שיחק, לשחק)
44	player, actor	שַׂחְקָן (ז., נ. שחקנית)
35	black	שָׁחֹר (שחור, נ. שְׁחוֹרָה)
1	sail, go by boat	שָׁט (לשוט)
116	area	שֶׁטַח (ז.)
16	brains, intelligence	שֵׂכֶל (ז.)
164	wages	שָׂכָר (ז.)
134	table, desk	שֻׁלְחָן (ז.,שולחן, ר. שולחנות)
37	the day before yesterday	שִׁלְשׁוֹם
2	place (verb), put	שָׂם (לשים)
128	oil (noun)	שֶׁמֶן (ז.)
128	fat (noun)	שֻׁמָּן (ז., שומן)
133	bathroom	שֵׁרוּתִים (שירותים, ז.)
44	whistle (verb)	שָׁרַק (לשרוק)

Glossary, English/Hebrew

Verbs that are rendered in English with "be" or "get" (e.g., be closed, get dressed) appear alphabetically under the verb form itself (closed, dressed).

A

(be) acquainted, familiar with	הִכִּיר (לְהַכִּיר)	1
act, play (verb)	שִׂחֵק (שיחק, לשחק)	44
acting	מִשְׂחָק (ז.)	43
actor, player	שַׂחְקָן (ז., נ. שחקנית)	44
add	הוֹסִיף (להוסיף)	133
(be) added	נוֹסַף (להִיוָּסֵף, להיווסף)	151
advance (verb), move forward	הִתְקַדֵּם (להתקדם)	5
advice	עֵצָה (נ.)	162
against	נֶגֶד	162
airplane	מָטוֹס (ז.)	1
allowed, permissible	מוּתָּר	87
almost	כִּמְעַט	98
apologize	הִתְנַצֵּל (להתנצל)	29
area	שֶׁטַח (ז.)	116
armchair	כֻּרְסָה (נ.,כורסה, ר. כורסאות)	134
arouse, wake up (transitive)	עוֹרֵר (לעורר)	44
arrive, reach (verb)	הִגִּיעַ (להגיע)	162
art, the arts	אֳמָנוּת (נ., אומנות)	25
artist	אָמָּן (אומן, ז., נ., אומנית)	25
association (sports), league	לִיגָה (נ.)	43
at (someone's place)	אֵצֶל	43
attempt (verb), try	נִסָּה (ניסה, לנַסּוֹת)	5

B

bake	אָפָה (לאפות)	137
ball	כַּדּוּר (ז.)	43
base, basis, foundation	יְסוֹד (ז., ר. יסודות)	150
basketball	כַּדּוּרְסַל (ז.)	43
bathe (intransitive), take a bath	הִתְרַחֵץ (להתרחץ)	70
bathroom	חֲדַר שֵׁרוּתִים, שירותים (ז.)	133
bathtub	אַמְבַּטְיָה (נ.)	133
because	מִפְּנֵי, כֵּיוָן (כיוון)	29
become	נַעֲשָׂה (להיעשׂות)	98
bed	מִטָּה (נ., מיטה)	134
bedroom	חֲדַר שֵׁינָה (ז.)	133
begin, start (verb)	הִתְחִיל (לְהַתְחִיל)	5

beginning	1	הַתְחָלָה (נ.)
below, underneath, beneath	116	מִתַּחַת, תַּחַת
beneath	116	מִתַּחַת, תַּחַת
between	116	בֵּין
black	35	שָׁחֹר (שחור, נ. שְׁחוֹרָה)
blue	35	כָּחֹל (כחול, נ. כְּחֻלָּה כחולה)
boat, ship	1	אֳנִיָּה (נ., אונייה)
bookshelf	133	כּוֹנָנִית (נ., ר. כונניות)
boycott (noun), excommunication	164	חֵרֶם (ז., ר. חֲרָמִים/חרמות)
brains, intelligence	16	שֵׂכֶל (ז.)
branch (noun)	151	עָנָף (ז.)
branch (political), jurisdiction	151	רָשׁוּת (נ., ר. רשויות)
bring	64	הֵבִיא (להביא)
bring in, take in	133	הִכְנִיס (להכניס)
broaden, expand (intransitive)	164	הִתְרַחֵב (להתרחב)
brown	35	חוּם (נ. חוּמָה)
bus	1	אוֹטוֹבּוּס (ז.)
by (as in done by creator, by actor)	44	עַל-יְדֵי

C

cabinet, cupboard, closet	133	אָרוֹן (ז., ר. ארונות)
call on the phone	16	טִלְפֵּן/טִלְפֵן (טילפן, לטלפן), צִלְצֵל (צילצל, לצלצל)
car	1	מְכוֹנִית (נ.)
carbohydrates	128	פַּחְמֵימוֹת (נ.ר.)
carry out, execute an action	150	בִּצַּע (ביצַע/ביצֵעַ, לבַצֵּעַ)
cause, reason (noun)	98	סִבָּה (נ., סיבה)
celebrate	82	חָגַג (לחגוג)
center (noun)	1	מֶרְכָּז (ז.)
ceremony	82	טֶקֶס (ז.)
certainly, of course	98	כַּמּוּבָן
chair (noun)	134	כִּסֵּא (ז., כיסא, ר. כיסאות)
chance (noun)	98	סִכּוּי (ז., סיכוי)
choice	15	בְּרֵירָה (נ.)
choose, elect	150	בָּחַר (לבחור)
(be) chosen, elected	46	נִבְחַר (לְהִבָּחֵר, להיבחר)
citizen	150	אֶזְרָח (ז.)
class (social), status, position	150	מַעֲמָד (ז., ר. מעמדות)
clear, fair (complexion), light (shade)	35	בָּהִיר (ז., נ. בְּהירה)
close, near (adjective)	98	קָרוֹב
(be) closed, close (intransitive)	46	נִסְגַּר (לְהִסָּגֵר, להיסגר)
closet, cabinet, cupboard	133	אָרוֹן (ז., ר. ארונות)

color, paint, dye (noun)	צֶבַע (ז.)	25
come in, enter	נִכְנַס (לְהִכָּנֵס, להיכנס)	43
come out, go out	יָצָא (לָצֵאת)	82
commandment, good deed	מִצְוָה (מצווה, נ.)	82
commode, toilet	אַסְלָה (נ.)	133
common, regular	רָגִיל	83
computer	מַחְשֵׁב (ז.)	134
concern, worry (verb, transitive)	הִדְאִיג (להדאיג)	162
constitution	חֻקָּה (נ., חוקה)	150
consumer	צַרְכָן (ז.)	164
continent	יַבֶּשֶׁת (נ.)	116
culture	תַּרְבּוּת (נ.)	83
cupboard, closet, cabinet	אָרוֹן (ז., ר. ארונות)	133
curtain, drape (noun)	וִילוֹן (ז., ר. וילונות)	133
custom	מִנְהָג (ז.)	82

D

dark	כֵּהֶה (ז., נ. כֵּהָה)	35
(the) day before yesterday	שִׁלְשׁוֹם	37
decide	הֶחְלִיט (להחליט)	133
declare	הִכְרִיז (להכריז)	150
demonstrate (in protest)	הִפְגִּין (להפגין)	164
desert (noun)	מִדְבָּר (ז., ר. מִדְבָּרִים/מִדְבָּרִיּוֹת)	116
desirable	רָצוּי	87
desire (noun)	חֵשֶׁק (ז.)	16
desk, table	שֻׁלְחָן (ז.,שולחן, ר. שולחנות)	134
develop	פִּתַּח (גם פִּתֵּחַ, פיתח, לפתח)	162
dictionary	מִלּוֹן (ז., מילון)	64
die, pass away, dispose (of)	נִפְטַר (לְהִפָּטֵר, להיפטר)	47
different, other	אַחֵר (נ. אחרת)	122
direct (adjective)	יָשִׁיר	150
direction	כִּוּוּן (ז., כיוון)	16
disappear	נֶעֱלַם (לְהֵעָלֵם, להיעלם)	46
dishwasher	מֵדִיחַ כֵּלִים, מֵדִיחַ (ז.)	134
dispose (of), die, pass away	נִפְטַר (לְהִפָּטֵר, להיפטר)	47
door	דֶּלֶת (נ., ר. דְּלָתוֹת)	133
drape (noun), curtain	וִילוֹן (ז., ר. וילונות)	133
draw (a picture), paint (verb)	צִיֵּר (צייר, לצייר)	25
(get) dressed	הִתְלַבֵּשׁ (להתלבש)	70
dry (adjective)	יָבֵשׁ (נ. יבשה)	122

during	בְּמֶשֶׁךְ	98
dye, color, paint (noun)	צֶבַע (ז.)	25

E

early	מֻקְדָּם (מוקדם, נ. מוקדמת)	122
(be) early, move to an early time	הִקְדִּים (להקדים)	5
east	מִזְרָח (ז.)	16
elect, choose	בָּחַר (לבחור)	150
(be) elected, chosen	נִבְחַר (לְהִבָּחֵר, להיבחר)	46
electricity	חַשְׁמַל (ז.)	133
enter, come in	נִכְנַס (לְהִכָּנֵס, להיכנס)	43
event	אֵרוּעַ (ז.)	82
event, occasion, occurrence	מִקְרֶה (ז.)	98
(get) excited	הִתְרַגֵּשׁ (להתרגש)	5
excommunication, boycott (noun)	חֵרֶם (ז., ר. חֲרָמִים/חרמות)	164
excuse (noun)	תֵּרוּץ (ז., תירוץ)	29
expand, broaden (intransitive)	הִתְרַחֵב (להתרחב)	164
experience (verb)	הִתְנַסָּה ב... (להתנסות ב...)	5

F

fair (complexion), light (shade), clear	בָּהִיר (ז., נ. בְּהִירָה)	35
fall (river), be spilled, be poured	נִשְׁפַּךְ (להישפך)	116
fall (verb)	נָפַל (לִפּוֹל, ליפול)	43
(be) familiar with, be acquainted (with)	הִכִּיר (לְהַכִּיר)	1
fat (adjective)	שָׁמֵן (נ. שְׁמֵנָה)	122
fat (noun)	שֻׁמָּן (ז., שומן)	128
festival (holiday)	חַג	82
find (verb)	מָצָא (למצוא)	64
(be) finished, over with	נִגְמַר (לְהִגָּמֵר, להיגמר)	43
flag (noun)	דֶּגֶל (ז.)	150
fly (by plane)	טָס (לטוס)	1
for, in support of	בַּעַד, בְּעַד	162
forbidden, prohibited	אָסוּר	86
form, shape (noun)	צוּרָה (נ.)	64
(be) found, located	נִמְצָא (לְהִמָּצֵא, להימצא)	43
foundation, base, basis	יְסוֹד (ז., ר. יסודות)	150
frame, framework	מִסְגֶּרֶת (נ.)	25
frustrate	תִּסְכֵּל (לתסכל)	162
fry	טִגֵּן (טיגן, לטגן)	137
full	מָלֵא	82
furniture (piece of)	רָהִיט (ז.)	134

G

gadget (instrument)	מַכְשִׁיר (ז.)	162
game	מִשְׂחָק (ז.)	42
garbage disposal, grinder	טוֹחֵן אַשְׁפָּה (ז.)	133
generality, rule (noun)	כְּלָל (ז.)	98
generation	דּוֹר (ז., ר. דורות)	98
go out, come out	יָצָא (לָצֵאת)	82
government	מֶמְשָׁלָה (נ.)	150
green	יָרֹק (ירוק, נ. יְרֻקָּה ירוקה)	35
grey	אָפֹר (נ. אֲפוֹרָה)	35
group (noun), team	קְבוּצָה (נ.)	44

H

health, medicine (field)	רְפוּאָה (נ.)	162
heredity	תּוֹרָשָׁה (נ.)	99
heroism	גְּבוּרָה (נ.)	82
holiday, festival	חַג	82
Holocaust, disaster	שׁוֹאָה (נ.)	83
honor, respect (verb)	כִּבֵּד (כיבד, לכבד)	82
hope (verb)	קִוָּה (קיווה, לקוות)	98

I

idea	רַעְיוֹן (ז., ר. רעיונות)	1
identical	זֵהֶה	98
if (past, wish)	לוּ, אִלּוּ (אילו)	112
if not (past)	לוּלֵא	112
important	חָשׁוּב	150
impossible	אִי אֶפְשָׁר	86
in the meantime, meanwhile	בֵּינְתַיִם (בינתיים)	133
independence	עַצְמָאוּת (נ.)	83
industry	תַּעֲשִׂיָּה (תעשייה, נ.)	162
information booth	מוֹדִיעִין (ז.)	1
(be) injured	נִפְצַע (לְהִפָּצַע, להיפצע)	43
instant (noun), once upon a time, once	פַּעַם (נ., ר. פְּעָמִים)	37
instrument, gadget	מַכְשִׁיר (ז.)	162
Intelligence, brains	שֵׂכֶל (ז.)	16
interview (verb)	רִאְיֵן (ראיין, לראיין)	162
invest	הִשְׁקִיעַ (להשקיע)	162
island	אִי (ז.)	116

P

paint (verb), draw (a picture)	צִיֵּר (צייר, לצייר)	25
paint, dye, color (noun)	צֶבַע (ז.)	25
painter	צַיָּר (ז., צייר)	25
painting, picture	תְּמוּנָה (נ.), צִיּוּר (ז.)	25
party (political)	מִפְלָגָה (נ.)	151
pass on, deliver, transmit, transfer	מָסַר (למסור)	43
patience	סַבְלָנוּת (נ.)	16
peninsula	חֲצִי אִי (ז.)	116
people, nation	עַם (ז.)	82
percent	אָחוּז (ז.)	98
permissible, allowed	מוּתָר	87
picture, painting	תְּמוּנָה (נ.), צִיּוּר (ז.)	25
pill	כַּדּוּר (ז.)	43
pink	וָרֹד (ורוד, נ. וְרֻדָּה ורודה)	35
pioneer	חָלוּץ (ז.)	25
place (verb), put	שָׂם (לשים)	2
place, site (noun)	אֲתָר (ז.)	1
plan (noun)	תָּכְנִית (נ., תוכנית)	2
play, act (verb)	שִׂחֵק (שיחק, לשחק)	44
player, actor	שַׂחְקָן (ז., נ. שחקנית)	44
politics	פּוֹלִיטִיקָה (נ.)	151
population	אוֹכְלוּסִיָּה (נ.)	82
position, class (social), status	מַעֲמָד (ז., ר. מעמדות)	150
possible	אֶפְשָׁר	86
poverty	עֹנִי (עוני, ז.)	162
practice (noun)	אִמּוּן (ז., אימון)	43
praying shawl	טַלִּית (נ., ר. טליתות)	150
prepare (intransitive)	הִתְכּוֹנֵן (להתכונן)	70
prepare (transitive)	הֵכִין (לְהָכִין)	1
president	נָשִׂיא (ז.)	151
prevail, win	נִצַּח, נִצֵּחַ (לְנַצֵּחַ)	43
price	מְחִיר (ז.)	134
privilege, right (for something)	זְכוּת (נ., ר. זכויות)	150
prohibited, forbidden	אָסוּר	86
proposal, suggestion, offer	הַצָּעָה (נ.)	1
protein	חֶלְבּוֹן (ז.)	128
protest (noun)	מְחָאָה (נ.)	164
purple	סָגֹל (סגול, נ. סְגֻלָּה סגולה)	35
put, place (verb)	שָׂם (לשים)	2
puzzle, quiz (noun)	חִידוֹן (ז.)	128

Q

quiz, puzzle (noun)	חִידוֹן (ז.)	128

R

reach (verb), arrive	הִגִּיעַ (להגיע)	162
reason, cause (noun)	סִבָּה (נ., סיבה)	98
receive, get	קִבֵּל (קיבל, לקבל)	98
red	אָדֹם (אדום, נ. אֲדֻמָּה אדומה)	35
referee, judge	שׁוֹפֵט (ז.)	44
refrigerator	מַקְרֵר, מְקָרֵר (ז.)	134
region	מָחוֹז (ז., ר. מחוזות)	150
regret (verb)	הִצְטַעֵר (להצטער)	29
regular, common	רָגִיל	83
rehearsal	חֲזָרָה (נ.)	1
relation, relatedness	יַחַס (ז.)	164
religion	דָּת (נ.)	82
religious	דָּתִי	82
remain, stay	נִשְׁאַר (להִשָּׁאֵר, להישאר)	47
represent	יִצֵּג (לְיַצֵּג, לייצג)	150
representative	נָצִיג (ז.)	151
resembling, similar	דּוֹמֶה	98
resident	תּוֹשָׁב (ז.)	151
respect, honor (verb)	כִּבֵּד (כיבד, לכבד)	82
rest (verb)	נָח (לנוח)	70
return (noun)	חֲזָרָה (נ.)	1
return (verb, intransitive)	חָזַר (לחזור)	1
review (noun)	חֲזָרָה (נ.)	1
riddle	חִידָה (נ.)	128
right (for something), privilege	זְכוּת (נ., ר. זכויות)	150
ring (verb), call on the phone	טִלְפֵּן/טִלְפֵן (טילפן, לטלפן), צִלְצֵל (צילצל, לצלצל)	16
river	נָהָר (ז., ר. נְהָרוֹת)	116
roast (verb)	צָלָה (לצלות)	137
role	תַּפְקִיד (ז.)	83
room (in a house)	חֶדֶר (ז.)	133
rule (noun), generality	כְּלָל (ז.)	98

S

sail, go by boat	שָׁט (לשוט)	1
salt	מֶלַח (ז.)	116
(the) same thing	אוֹתוֹ הַדָּבָר	98

scenery, landscape	נוֹף (ז.)	25
scientist	מַדְעָן (ז.)	98
sculptor	פַּסָּל (ז.)	25
sculpture, statue	פֶּסֶל (ז.)	25
sea	יָם (ז.)	1
search (verb), look for	חִפֵּשׂ (חיפש, לחפש)	64
secular	חִלּוֹנִי)חילוני)	82
seem, look like, be seen	נִרְאָה (להיראות)	98
(be) seen, seem, look like	נִרְאָה (להיראות)	98
sentence	מִשְׁפָּט (ז.)	151
shade (for window, etc.)	צִלּוֹן (ז.)	134
shape, form (noun)	צוּרָה (נ.)	64
ship, boat	אֳנִיָּה (נ., אונייה)	1
shower (noun)	מִקְלַחַת (נ.), מִקְלָחוֹן (ז.)	134
shower (verb)	הִתְקַלֵּחַ (להתקלח)	133
side (noun)	צַד (ז., ר. צְדָדִים)	134
similar, resembling	דּוֹמֶה	98
sink (noun)	כִּיּוֹר (ז.)	133
site, place (noun)	אֲתָר (ז.)	1
(get) situated, locate oneself	הִתְמַקֵּם (להתמקם)	5
sleep (verb)	יָשֵׁן (לישון)	70
soccer	כַּדּוּרֶגֶל (ז.)	43
sofa	סַפָּה (נ.)	134
south	דָּרוֹם (ז.)	15
sovereignty	רִבּוֹנוּת (נ, ריבונות)	151
spend time (somewhere, w/someone)	בִּלָּה (בילה, לבלות)	70
(be) spilled, be poured; fall (river)	נִשְׁפַּךְ (להישפך)	116
spread (verb, intransitive)	הִתְפַּשֵּׁט (להתפשט)	164
square, squared (adjective)	רָבוּעַ, מְרֻבָּע (מרובע)	116
stadium	אִצְטַדְיוֹן (ז.)	43
star of David	מָגֵן דוויד (ז.)	150
start (verb), begin	הִתְחִיל (לְהַתְחִיל)	5
state (noun)	מְדִינָה (נ.)	82
station, stop (noun)	תַּחֲנָה (נ.)	2
statue, sculpture	פֶּסֶל (ז.)	25
status, position, class (social)	מַעֲמָד (ז., ר. מעמדות)	150
stay, remain	נִשְׁאַר (לְהִשָּׁאֵר, להישאר)	47
steam (verb)	אִדָּה (אידה, לאדות)	137
stop, station (noun)	תַּחֲנָה (נ.)	2
stove	כִּירַיִם (ז. או נ., כיריים)	133
stripe	פַּס (ז.)	151

strong	חָזָק (ז., נ. חֲזָקָה)	35
structure (noun)	מִבְנֶה (ז.)	98
suggestion, offer, proposal	הַצָּעָה (נ.)	1
symbol	סֵמֶל (ז.)	151
system	מַעֲרֶכֶת (נ.)	150

T

table, desk	שֻׁלְחָן (ז.,שולחן, ר. שולחנות)	134
take a bath, bathe (intransitive)	הִתְרַחֵץ (להתרחץ)	70
take a trip	טִיֵּל (טייל, לטייל)	1
talk, lecture (noun)	הַרְצָאָה (נ.)	25
taxicab	מוֹנִית (נ.), טקסי (ז.)	1
team (sports)	נִבְחֶרֶת (נ.)	43
team, group (noun)	קְבוּצָה (נ.)	44
tense (noun), time	זְמַן (ז.)	15
tent	אֹהֶל (ז., אוהל)	164
tenth percentile	עֲשִׂירוֹן	162
that, which, who	אֲשֶׁר	29
therefore	לָכֵן	150
time (noun)	עֵת (נ., ר. עִתים), זְמַן (ז.)	98
toilet, commode	אַסְלָה (נ.)	133
topic, subject	נוֹשֵׂא (ז.)	25
tradition	מָסוֹרֶת (נ.)	82
traditional	מָסָרְתִּי)מסורתי)	82
train (noun)	רַכֶּבֶת (נ.)	1
trainer, coach	מְאַמֵּן (ז.)	43
trait, character	תְּכוּנָה (נ.)	99
transfer, pass on, deliver, transmit	מָסַר (למסור)	43
translate	תִּרְגֵּם (תירגם, לתרגם)	16
translation	תַּרְגּוּם (ז.)	16
transmit, transfer, pass on, deliver	מָסַר (למסור)	43
tree, wood	עֵץ (ז.)	134
trial, judgment	מִשְׁפָּט (ז.)	151
try, attempt (verb)	נִסָּה (ניסה, לְנַסּוֹת)	5
twins	תְּאוֹמִים (ז.)	99

U

underneath, beneath, below	מִתַּחַת, תַּחַת	116
understand	הֵבִין (לְהָבִין)	1
use (verb)	הִשְׁתַּמֵּשׁ ב... (להשתמש ב...)	64